CUENTOS
DE
ANIMALES
que han cambiado
EL MUNDO

CUENTOS DE ANIMALES que han cambiado EL MUNDO

50 ANIMALES INSPIRADORES DE CARNE Y HUESO

G.L. MARVEL

Texto de
MARCELO E. MAZZANTI
Ilustraciones de
MAR GUIXÉ

Duomo ediciones

A David y Carles, los mejores sobrinos del mundo.

ÍNDICE

• • • • • • • •

Prólogo 13

Animales en la ciencia 19

Dolly 20
Una oveja ¿única?

Laika..........................22
La perrita que pasó de vagar por las calles de Moscú a ser el primer animal en el espacio.

Belka y Strelka 24
Los dos primeros animales en una nave espacial que volvieron para «contarlo».

David Greybeard..............26
El chimpancé que demostró que los animales son mucho más listos de lo que creemos.

Hans 28
El caballo que dominaba las matemáticas… o no.

Alex 30
El loro que demostró que su especie no solo habla…, sino que sabe lo que dice.

Koko y All Ball..................32
La gorila que hablaba y su hijo-gato.

Lobo 21 34
El lobo que sentía compasión de todos sus adversarios.

Lucy 36
La chimpancé que –de verdad– era como una niña.

Gato de Schrödinger........38
Para la ciencia, el gato más famoso que ha existido. O no ha existido.

¡Animales al rescate! 43

Balto..........................44
El perro que salvó la vida a los niños de un pueblo entero.

Jambo..........................46
El gorila que se hizo famoso en todo el mundo protegiendo la vida de un niño.

Mila..........................48
La ballena que salvó a una buceadora protegiéndola en su boca.

• •

Frida 50

La perrita mexicana que ha rescatado a más de cincuenta víctimas de terremotos y catástrofes naturales.

Ning Nong 52

La elefanta que salvó la vida a una niña durante un tsunami.

Jim 54

El caballo que pasó de repartir leche a salvar millones de vidas.

Roberta y amigos 56

El grupo de perros que demostró que hay muchas maneras de salvar víctimas.

Cher Ami 58

Nunca una paloma ha salvado a tantas personas.

Animales únicos 63

Abuwtiyuw 64

El perro que vivió como un rey y fue enterrado como un faraón.

Babieca 66

El caballo que ayudó al Cid a ganar batallas... hasta después de muerto.

Buddy 68

Uno de los primeros perros lazarillo de la historia.

Britches 70

El macaco que consiguió disminuir la crueldad en los experimentos científicos con animales.

Harriet 72

La tortuga que nació en el siglo XIX y murió en el XXI.

Bobbie 74

El perro que viajó 4.000 kilómetros para reencontrarse con su familia.

Seabiscuit 76

El caballo de carreras que ganaba contra pronóstico y se convirtió en todo un símbolo de esperanza.

Ming 78

La almeja que vivió ¡más de quinientos años!

Rupee 80

El perro que salió de un basurero y llegó a la cima del mundo.

Anónimo 82

El cerdo que trajo la democracia a Europa.

Planaria 84

Cómo una lombriz de tres centímetros estuvo a punto de revolucionar la ciencia.

Paul.................................86

El pulpo adivino que acertaba los
resultados de fútbol.

Das, Olivia y Summer 88

Los perros que se dedican a devolver la
vida a los bosques.

Los animales
más queridos 93

Copito de Nieve 94

El único gorila blanco del mundo,
que se convirtió en el símbolo de
una ciudad muy lejos de su casa.

Hachikō.................................96

El perro que fue fiel a su dueño hasta
el final… y más allá.

Tama......................................98

La gata que empezó como jefa de
estación y acabó como gran ejecutiva.

Phil.......................................100

El ¿verdadero? animal del Día de la
Marmota.

Leo 102

El animal más visto en todo el mundo.
Y uno de los menos conocidos.

Pal.. 104

La familia de perros que lleva más de
sesenta años interpretando a Lassie.

Dindim 106

El pingüino más agradecido del mundo.

Cacareco 108

El primer rinoceronte ganador de unas
elecciones.

Keiko....................................110

La orca de *Liberad a Willy*, que
demostró que salvar a los animales
cautivos no es tan sencillo.

Doorkins................................ 112

El gato inglés que puede hacer lo que
nadie más: despreciar a la reina.

Jitts......................................114

¿El animal actor más famoso de la
historia del cine?

Canelo 116

El perro que esperó doce años a su
dueño y se ganó el cariño de toda una
ciudad.

Oscar 118

Parte gato, parte máquina,
todo humanidad.

Gizmo................................120
Una lechuza desconocida... hasta que
sabes que su otro nombre era Hedwig.

Bubbles.............................122
El único chimpancé dueño de un
columpio de oro.

Owen y Mzee.......................124
El hipopótamo huérfano adoptado por
una tortuga.

Más animales de este mundo. ¿O no?...............129

Unicornio................................130
Bigfoot...............................130
Nessie....................................131
Ornitorrinco............................131
Mamut...............................132
Sirena................................132
Minotauro..............................133
Minitauro............................133
Serpiente voladora............134
Ligre 134
Narval....................................135
Ballena con patas............135
Rudolph.................................136

Registro animal....141

PRÓLOGO

TU FAMILIA Y OTROS ANIMALES

En el mundo, ahora mismo, hay unos ocho millones de especies animales.

Y tú eres parte de una de ellas.

Y los que hemos hecho este libro, y todo el mundo que conoces. ¿Tus padres? Unos animales. ¿Tus amigos? Animales. ¿Tus profes? Animales todos.

Cierto, somos los únicos que sabemos hacer y pensar algunas cosas. Y esas cosas no son tantas, pero marcan una diferencia importantísima.

Pero, aun así, genéticamente, que es lo que cuenta, seguimos siendo un 95 % iguales a un gorila. Y un 90 % iguales a un gato. Hasta somos un 60 % iguales a un plátano, por increíble que parezca.

Visto así, no es de extrañar que los animales nos gusten tanto, y que a algunos lleguemos a quererlos casi como si fueran personas. Al fin y al cabo, sabes que un perro no te traicionará, que un gato ve mejor que nadie cuándo estás contento o triste, y hasta que si te cruzas con un elefante te recordará durante el resto de su vida, o que a un delfín le encantará jugar contigo.

En los animales más avanzados vemos mucho de lo mejor de nosotros mismos. Y, como descubrirás en este libro, también es fascinante enterarnos de que algunas de las criaturas más inteligentes son las que menos creerías, como los pulpos o los cuervos.

Y eso es solo en cuanto a inteligencia. Por lo que respecta a capacidades físicas, no tenemos nada que hacer: fuerza, vista, olfato… ¿Te has fijado en cuántos superhéroes hay con capacidades animales, como el que tiene la fuerza proporcional de una araña, o el que puede desarrollar las capacidades de todos los peces con los que se cruce, o…? Si alguna vez has visto a un perro seguir el rastro de alguien que ha pasado por allí hace horas y horas, ya sabes a qué nos referimos.

Si te encantan los animales, o si alguna vez querrías largarte volando… y hasta si tu habitación parece un zoo, este es tu libro.

Aquí descubrirás más de cincuenta animales excepcionales. No solo por sus capacidades naturales sino porque se han encontrado en situaciones únicas, en las que nos han demostrado que son más listos de lo que creíamos, o nos han salvado la vida, o han ayudado a entender mejor el mundo… o simplemente han entretenido o hecho reír a millones de personas (en estos últimos casos, al final los frikis siempre somos nosotros, no ellos).

Y ¿sabes en qué nos gustaría muy especialmente que te ayudara este libro?

Nos encantaría que te hiciera ver que, igual que los animales nos sorprenden siempre, las personas también. Eso es quizás lo más importante que se puede aprender. Aunque quien nos lo diga sea todo un animal.

Si los animales son tu vida, ayúdales a defender la suya.

Lo que viene no es tan agradable, pero es importante que lo sepamos todos.

Según la ONU, cada día, en todo el mundo, desaparecen 150 especies enteras por causa directa del ser humano.

La inmensa mayoría son insectos no muy agradables de ver. Eso si los vemos: se calcula que muchos de ellos desaparecen en junglas perdidas sin que ninguna persona haya llegado a conocerlos nunca.

Aun así, seguro que te das cuenta de que esta cifra es una barbaridad.

Es cierto que en algunos casos es inevitable. Que la naturaleza es así y siempre han desaparecido especies y han aparecido otras nuevas. Que el progreso humano a veces obliga a hacer sacrificios.

Aunque… ¿y si eso no fuera tan inevitable? ¿Y si podemos encontrar la forma de vivir nosotros sin condenar a otros?

La buena noticia es que nunca en la historia ha habido tantos defensores de los animales, y nunca han tenido tanta influencia como hoy para conseguir muchos de sus objetivos. Si quieres colaborar, infórmate. Seguro que hay una organización o asociación a la que le vendría muy bien tu ayuda (algún familiar o profesor puede ayudarte a decidir dónde colaborar).

Aunque ellos no lo sepan, millones y millones de animales de todo el mundo te lo agradecerán. Y si son perros o gatos…, lo sabrán. No lo dudes. ¡Los perros y los gatos lo saben todo!

P. D. El título de este prólogo es un homenaje a un libro maravilloso: *Mi familia y otros animales*, de Gerald Durrell. Pide a alguien que te lo regale o hazte con él en la biblioteca: ¡te encantará!

«No puedes compartir tu vida con un perro o un gato y no darte cuenta de que los animales tienen personalidad, inteligencia y sentimientos.»

Jane Goodall

ANIMALES EN LA CIENCIA

Los animales son importantísimos para la ciencia: es necesario probar con ellos cosas que no se pueden probar con humanos (por suerte, ahora se hace con mucho cuidado). Pero en algunos casos, su importancia ha ido mucho más allá. Desde gorilas que aprenden a hablar hasta perros en el espacio, lo que leerás aquí te sorprenderá, seguro.

DOLLY
Una oveja ¿única?

Si un día te encontraras con una copia exacta de ti mismo, ¿sería como estar con un hermano, o más bien como mirarte en un espejo?

Todos los seres vivos llevamos en cada célula un «manual de instrucciones» con cada detalle de cómo somos. Se llama ADN.

La pregunta, entonces, era: si copiamos esas instrucciones, ¿podemos hacer una copia exacta de un ser vivo?

El 5 de julio de 1996 se supo la respuesta. En un laboratorio de Escocia copiaron las instrucciones de una célula de oveja y la hicieron crecer (dentro de otra oveja) hasta que nació Dolly, una oveja igual a la primera.

Es un procedimiento muy complicado. Tanto, que Dolly fue el primer éxito después de 278 intentos por parte de los científicos. Aunque no fue el primer animal clonado de la historia, enseguida se convirtió en el más famoso. Durante un tiempo, las fotos de Dolly salieron en todos los informativos, diarios y revistas del mundo.

No solo su nacimiento fue importante: también lo era comprobar si después crecía sana. Por suerte, así fue, y Dolly vivió feliz durante seis años.

Dejó cuatro hermanas muy muy gemelas (clones de ella misma) y seis hermosas corderillas creadas por el sistema tradicional (es decir, cuando una oveja conoce a un carnero y se gustan).

La historia de Dolly ha sido importantísima para la ciencia, y no es exagerado decir que ha cambiado el mundo. Aunque el sistema aún falla demasiado como para usarlo con las personas, nuestra oveja preferida ha permitido grandes avances en medicina, y hoy ya existen empresas que pueden hacer copias exactas de tu mascota favorita.

¿Qué será lo próximo que clonaremos? ¿Dinosaurios?

(Casi: ¡busca la sorprendente respuesta en este libro!)

LAIKA

La perrita que pasó de vagar por las calles
de Moscú a ser el primer animal en el espacio.

En 1957, los rusos (que por entonces se llamaban soviéticos) ya estudiaban cómo enviar un ser humano al espacio. Pero la tecnología no era la de ahora: para estudiar si un hombre podría sobrevivir a las duras condiciones, la única forma era enviar primero un animal.

Reclutaron a tres perros callejeros. Dado el frío que hace en Moscú, pensaron que estarían más preparados para las condiciones extremas del viaje.

Desde el principio del entrenamiento, Laika demostró ser una perrita tranquila y pacífica, que no se ponía nerviosa fácilmente. Por eso fue la seleccionada para ir en la nave.

El entrenamiento fue muy duro: Laika tuvo que acostumbrarse al calor, los ruidos, la falta de espacio, la comida especial…

Durante el despegue todo salió perfecto. Desde tierra vieron que Laika al principio se ponía muy nerviosa, pero poco después se calmó y hasta comió un poco. ¡Eso sí que era compostura!

La misión resultó un gran éxito. Solo hubo un problema: todos sabían que Laika no iba a volver viva. Moriría por el calor al entrar en la atmósfera, si es que no le sucedía algo antes.

Con lo que no contaba nadie era que Laika se haría superfamosa en todo el planeta. Fue tan querida que el Gobierno no fue capaz de aceptar hasta 50 años después que, debido a un fallo técnico, Laika no había sobrevivido ni cinco horas.

Y así, sin saberlo, la perrita cambió el mundo dos veces: primero, al demostrar que el ser humano podría sobrevivir a un vuelo espacial. Y segundo, porque el cariño del mundo hizo que se decidiera no enviar más animales al espacio sin que estos pudieran volver.

Hoy Laika es toda una leyenda. Y es que, aunque el precio fue muy alto, ningún animal vio las estrellas tan de cerca como ella.

BELKA Y STRELKA

Los dos primeros animales en una nave espacial que volvieron para «contarlo».

El primer perro en el espacio fue Laika. Pero, como puedes ver en este libro, su heroicidad le costó la vida. El Gobierno ruso prometió que algo así no se repetiría.

Un par de años después, ya tenían diseñada la primera cápsula espacial que pondría a un ser humano en órbita. Pero todavía no se sabía lo suficiente sobre cómo le afectaría el viaje, así que se decidió enviar primero, en la misma nave, a varios animales y estudiarlos después.

El vuelo Sputnik 5 fue uno de los más curiosos de la historia: sus astronautas fueron un conejo, cuarenta y dos ratones, tres ratas y un montón de moscas, además de varias plantas y hongos. ¡Vaya tripulación!

Pero los principales viajeros de la nave fueron Belka y Strelka, las dos perritas. Como Laika, fueron entrenadas a fondo para asegurarse de que serían capaces de resistir el estrés, que no intentarían quitarse sus «trajes espaciales», que se comerían la comida especial de la nave…

Belka y Strelka mostraron en todo momento la misma calma y decisión que su antecesora. Y, en efecto, durante el vuelo de un día entero se mantuvieron tranquilas; de hecho, al principio estaban tan quietas que todos temieron lo peor.

No hacía falta: las dos perritas volvieron a la Tierra en perfecto estado y durante un tiempo se convirtieron ellas mismas en verdaderas estrellas en todos los diarios y televisiones.

Tanto que cuando, más tarde, Strelka tuvo cachorros, el presidente de la Unión Soviética (hoy Rusia) le regaló uno de ellos al presidente de Estados Unidos, como gesto de amistad.

Así, el programa espacial ruso ya estaba preparado para el paso más importante: llevar un ser humano al espacio. Un avance que cambió el mundo y que no hubiera sido posible sin la valentía y el ánimo de Belka y Strelka (¡y el conejo y los ratones y las moscas, claro!).

DAVID GREYBEARD

El chimpancé que demostró que los animales son mucho más listos de lo que creemos.

Hoy sabemos que las personas no somos mucho más inteligentes que algunos animales (aunque, claro, esa pequeña diferencia es importantísima). Se dice que si la inteligencia humana es diez, la de animales como los delfines o ciertos primates sería ocho.

Para llegar a comprenderlo, fue importantísimo el trabajo de la antropóloga inglesa Jane Goodall, fascinada desde pequeña por los chimpancés y que en cuanto pudo se fue a vivir a Tanzania para estudiarlos.

Allí se ganó la confianza del chimpancé David Greybeard (la costumbre de los científicos era no ponerles nombres, pero Jane los quería demasiado). David destacaba entre sus compañeros por ser mucho más tranquilo y amistoso. Jane no se hubiera ganado la confianza de los demás chimpancés de no ser por él.

Pronto, Jane vio que David y sus compañeros hacían cosas inesperadas para la ciencia de entonces. Para empezar, utilizaba una rama para atrapar termitas. Y no solo eso, sino que le quitaba hojas y la afilaba para que fuera más útil. Tú dirás «¡Pues vaya cosa!», pero eso fue revolucionario: hasta entonces, crear y usar herramientas era una de las características que definían la inteligencia humana.

Otro hecho importantísimo para la ciencia, aunque más desagradable, que descubrió Jean gracias a David y sus compañeros es que los chimpancés son capaces de mantener «guerras» entre ellos y usan verdaderas estrategias de ataque y defensa. De nuevo, se creía que eso era exclusivo de las personas.

Los más de cincuenta años que Jane dedicó a sus estudios hicieron que la famosa revista *Time* considerase a David como uno de los quince animales más importantes para la historia de la humanidad.

Así que ya sabes: ¡la próxima vez que uses un destornillador, no te creas tan especial!

HANS

El caballo que dominaba las matemáticas... o no.

En este libro hay muchos animales inteligentes. El caballo Hans quizá no lo fuese tanto…, pero sí muy listo.

Se hizo famoso al poco de que Darwin publicase su teoría de la evolución. El público estaba muy interesado en la inteligencia animal, y Hans y su dueño daban espectáculos gratuitos por toda Alemania haciendo los cálculos que le pedía el público, contestando con coces en el suelo… y acertando nueve de cada diez veces.

Tras estudiar el fenómeno, un grupo de científicos decidió que no había truco. Pero estaba claro que Hans, por listo que fuera, no podía hacer cálculos ni entender lo que son.

Entonces encargaron al psicólogo Oskar Pfungst que lo estudiara… y sus resultados cambiaron el mundo.

Pfungst observó que Hans solo acertaba un problema cuando su dueño conocía la respuesta y lo tenía a la vista. Si no, no daba una. Por tanto, los dos se comunicaban sin saberlo ni ellos mismos.

Después de muchos meses se aclaró el misterio: los caballos se comunican entre ellos reconociendo pequeñas muecas y gestos. No es que Hans diera coces hasta llegar a la respuesta exacta, sino que paraba cuando veía ciertos movimientos involuntarios en su dueño.

Los espectáculos de Hans siguieron triunfando hasta el final. A fin de cuentas, aunque sepas el truco, preguntarle a un caballo cuánto es cuatro más tres, y que te conteste siete, es espectacular.

Pero ¿cómo cambió todo esto la historia? Ayudó a entender que, en un estudio científico, los sujetos pueden afectar involuntariamente el resultado. Para solucionar esto se creó el procedimiento del «doble ciego», que aún hoy es la única forma fiable de averiguar, por ejemplo, los efectos de un medicamento.

Y así fue como Hans pasó a la historia de la ciencia… aunque no como matemático precisamente.

ALEX

El loro que demostró que su especie no solo habla…, sino que sabe lo que dice.

Todos sabemos que los loros oyen palabras y las repiten en el momento más inesperado…, pero hablar de verdad solo lo pueden hacer los humanos, ¿no es así?

La historia del loro Alex te sorprenderá. Solo se necesitó una psicóloga animal con la suficiente paciencia como para hacer un experimento que duró treinta años. Irene Pepperberg compró el loro en una pajarería y le fue enseñando hasta la muerte de este.

Para ello, Irene y dos ayudantes hacían, como en las películas, de «poli bueno» y «poli malo». Eso le dio a Alex el estímulo que necesitaba para entender que le convenía demostrar lo que sabía.

A lo largo de los años fue entendiendo y aprendiendo a usar, poco a poco, conceptos que aún hoy nos parecen increíbles: nombrar diferentes colores, distinguir entre *más grande* y *más pequeño*, *igual* y *diferente*, *nada* y *algo*…

Incluso hizo una cosa que demuestra una inteligencia superior y que nunca se ha conseguido ni con los monos más listos: cuando tenía una duda, Alex preguntaba. Su frase «¿Qué color?» es, lo creas o no, una de las más importantes de la historia de la ciencia y el lenguaje (aunque hay científicos que lo discuten).

Hasta demostró ser capaz de crear sus propias palabras: llamó *banerry* a las manzanas, una mezcla de *banana* y *berry*.

Y en algunos momentos hasta hacía de «poli bueno» o «poli malo» para enseñar a otros loros.

Llegó a tener la inteligencia de un niño de dos años. Dicen que, de no haber muerto prematuramente, habría alcanzado la de uno de cinco.

Sus últimas palabras fueron las de cada noche al irse a dormir: «Sed buenos. Nos vemos mañana. Os quiero».

Así que ya sabes: si alguna vez te acusan de «hablar como un loro», puedes contestar como hacía Alex: «Gracias».

KOKO Y ALL BALL

La gorila que hablaba y su hijo-gato.

El título de arriba parece broma, pero verás que es totalmente cierto.

Koko la gorila había nacido en el zoo de San Francisco, en Estados Unidos, y casi desde el principio se le enseñó a hablar usando el lenguaje de signos, con las manos. Quizás eso te parezca extraño, pero se ha hecho muchas veces con gorilas y chimpancés. En este mismo libro comentamos otro caso.

Lo que distingue a Koko es que aprendió a usar y combinar más de mil palabras, y demostró tener una inteligencia comparable a la de un niño pequeño (aunque esto es discutido por algunos expertos).

Pero cuando Koko se hizo famosa del todo fue al pedir tener ella misma una mascota. Le dieron a elegir entre varios gatitos recién nacidos. La propia Koko lo llamó All Ball («Todo Bola»).

Desde el principio lo cuidó como si fuese su cría, y hasta intentó amamantarlo. Como se hizo muy famosa, Koko empezó a ser visitada por toda clase de personalidades, y, claro, eso la hizo aún más conocida. Ella lo sabía y se llamó a sí misma «Reina».

Un día All Ball se escapó y más tarde murió. Cuando le dieron a Koko la noticia, ella dijo: «Triste, malo, triste». También había demostrado capacidad para crear palabras: como no conocía «anillo», creó «pulsera de dedo». Y hasta hacía bromas. Esto último es muy importante porque demuestra que Koko no solo tenía inteligencia, sino que entendía que los demás también.

Como pasa siempre con estos experimentos, hay expertos que creen que no demuestran nada, y que los animales «simplemente» aprenden a hacer lo que quieren sus cuidadores. Algunos afirmaron que se trataba de un caso similar al de Hans, el caballo matemático (que también encontrarás en este libro).

Lo que nadie puede negar es la ternura de ver a Koko cuidando de su hijo adoptivo, el felino All Ball.

LOBO 21

El lobo que sentía compasión de todos sus adversarios.

Érase una vez un lobito bueno… ¿Conoces el precioso poema de José Agustín Goytisolo? Lobo 21 es la versión real.

El parque natural de Yellowstone, en Estados Unidos, es uno de los más grandes y famosos del planeta. En este se confirmó algo que los científicos sabían hacía tiempo: en la naturaleza todo está en un delicado equilibrio, y si se altera, puede dar resultados inesperados.

Hacía muchos años que se había eliminado a los lobos del parque porque se los consideraba demasiado peligrosos. Pero entonces la población de alces creció mucho. A más alces, más comían, y llegaron a amenazar la existencia de muchas plantas.

Para compensarlo, se decidió devolver a los lobos al parque. Uno de ellos, el número 21 (no se acostumbra a ponerles nombre como con otros animales), destacó desde el principio, hasta el punto de que ha hecho replantearse mucho de lo que sabemos.

El lobo 21 era el líder de su manada. Y entre los lobos, como entre muchos otros animales, las diferencias se solucionan a sangre: quien quiere ser el nuevo líder ha de matar en combate al anterior y después ha de conservar el respeto del resto a base de mantener su autoridad.

Pero el lobo 21 no actuaba así en absoluto. De hecho, venció en cada uno de sus combates, pero, rompiendo la costumbre, perdonó la vida a sus adversarios. Y, aún más curioso, cuando entrenaba a los cachorros simulando peleas, siempre se dejaba ganar. Todo eso, sin perder en lo más mínimo el respeto de la manada.

Lobo 21 cambió todo lo que se sabía sobre estos animales, y se le dedicaron un montón de libros y artículos, y hasta varias novelas.

Quizás es momento de apreciar un poco más a los lobos. ¡A fin de cuentas, los perros vienen de lobos domesticados hace siglos!

LUCY

La chimpancé que –de verdad– era como una niña.

Lucy nació en cautividad. Sus padres «trabajaban» en un circo. Una pareja de científicos la compró para un experimento único: estudiar hasta qué punto su inteligencia era comparable a la de una niña. Se la llevaron a su casa y la criaron como si fuera su hija.

Así, Lucy se acostumbró a usar pañales y juguetes y hasta una cuna. Le enseñaron a comer comida cocinada con cuchillo y tenedor. La vistieron con ropa de niña. No lo hacía obligada, sino que disfrutaba con ello. Y hasta disfrutaba mirando las fotos de las revistas.

Cuando fue un poco más mayor, le enseñaron a comunicarse mediante el lenguaje de signos. Aprendió a usar cientos de palabras. Muchos científicos discuten esto último, pero lo innegable es que Lucy quería a sus padres: hasta los abrazaba si los veía tristes.

Vivió feliz y tranquila… hasta que le presentaron a otro chimpancé. Y es que nunca en su vida había estado con los suyos. Se asustó y no quiso saber nada de él.

Cuando llegó a la adolescencia pasó una época de depresión y grandes enfados. De alguna forma se daba cuenta de que no encajaba del todo ni entre los suyos ni entre los humanos.

Preocupados, sus «padres» la enviaron a un centro para primates, donde al principio no se relacionaba con los demás. Pero, poco a poco, eso cambió, Lucy se integró perfectamente en su nueva familia y empezó a mostrarse, por fin, feliz.

Hoy no se haría un experimento como este. Se sabe que los animales acaban sintiéndose fuera de lugar tanto entre humanos como entre los suyos. Aun así, para la ciencia fue todo un éxito por la cantidad de conocimientos que aportó sobre qué es la inteligencia.

Nunca ha existido otro chimpancé más parecido a una persona. ¡Y mejor acabar aquí, mientras todavía podemos contenernos y no decimos aquello de que los padres de Lucy tenían una hija muy mona!

GATO DE SCHRÖDINGER

Para la ciencia, el gato más famoso que ha existido. O no ha existido.

La física cuántica es la que estudia las partículas más pequeñas, como los átomos. Se ha hecho muy famosa y polémica porque funciona de forma muy diferente a todo lo que conocemos. Por ejemplo, una partícula puede existir y no existir a la vez. Solo al ser observada, la realidad se decide por una de las dos posibilidades.

Si piensas «¡Eso es ridículo! ¡En mi mesa puede haber un lápiz o no haberlo, pero no las dos cosas!», no te preocupes: grandes científicos como Einstein o Erwin Schrödinger creían lo mismo.

«El gato de Schrödinger» es un famosísimo ejemplo que inventó este para demostrar que la idea no puede ser cierta. Por desgracia, ha pasado a la historia como si quisiera demostrar lo contrario.

Schrödinger imaginó un gato encerrado en una caja, con una cajita más pequeña que contenía átomos a punto de hacerse radiactivos. En el momento en que sucediese esto último, un medidor soltaría un veneno que mataría al gato.

Según la física cuántica, hasta que no se observase el átomo, este sería radiactivo y no radiactivo a la vez. ¡Pero entonces, hasta que no observaran también al gato, este estaría vivo y muerto a la vez!

Este experimento mental (es decir, que no se lleva a cabo, pero sirve para llegar a conclusiones) pronto se hizo famosísimo.

A decir verdad, la ciencia ofrece muchas posibilidades, ¡todas complicadísimas!, que explican esta paradoja. Una de las más interesantes es que existen infinitas realidades: cuando el gato vive o no, se crean dos mundos diferentes, uno con cada resultado. Igual que, si tú un día decides no cambiarte los calcetines, se crean dos mundos: uno en que llevas calcetines limpios y otro en que no. Y esto no es ciencia ficción, es verdadera ciencia. Así que ya ves: este libro está lleno de animales que existen, alguno que no… ¡y hasta uno que existe y no existe a la vez!

«No tenemos dos corazones, uno para
el hombre, otro para los animales…
O se tiene corazón, o no se tiene.»

Lamartine

¡ANIMALES AL RESCATE!

Los animales salvan vidas. Aquí encontrarás a unos cuantos que han protegido a gente casi como si fueran sus propias crías. Y muchas veces, sin haber sido entrenados, sino simplemente porque muchos de ellos saben algo que nosotros a veces olvidamos: los niños y niñas son muy importantes para sus padres y hay que cuidarlos.

BALTO

El perro que salvó la vida a los niños de un pueblo entero.

Nome es un pueblo de Alaska, muy cerca del círculo polar ártico. A principios del siglo XX tenía unos mil habitantes, que durante el invierno se quedaban aislados del mundo. Y fue justo en invierno cuando se declaró una epidemia de difteria, una enfermedad mortal y muy contagiosa, que afecta sobre todo a los niños.

El único médico del pueblo descubrió que las vacunas que tenía estaban caducadas. Intentó que fueran a buscar más en la única avioneta que había, pero esta tenía los motores congelados y no podía volar. Iban a recibir más vacunas por mar, pero tenían que esperar a la próxima primavera.

La única solución era organizar una expedición de trineos que les llevaran las vacunas desde Anchorage, la capital de Alaska, a mil kilómetros de distancia.

En estos casos, el recorrido se hace en varias etapas: un grupo de perros y su guía humano van hasta un punto acordado, donde los esperan otros que los sustituyen, y así hasta llegar a su destino.

Balto, el líder de uno de los tramos, era un perro husky siberiano del que nadie esperaba mucho: era bastante lento y torpe, y, precisamente por eso, nunca había sido entrenado para hacer de líder de grupo. Además, el tiempo era terrible: las fuertes tormentas de nieve hacían que no se viera nada a más de treinta centímetros.

A pesar de ello, Balto se mostró perfectamente capaz de liderar el grupo durante su tramo. Tanto que, al llegar al siguiente y ver que los perros no estaban preparados, el guía decidió seguir con él.

Balto y sus heroicos compañeros llegaron a Nome con las vacunas y salvaron el pueblo de una gran epidemia. Su historia se hizo famosísima, con desfiles, estatuas, visita al presidente, películas… y por eso Balto, el perro salvador de niños, es aún hoy en día toda una leyenda.

JAMBO

El gorila que se hizo famoso en todo el mundo protegiendo la vida de un niño.

Los gorilas siempre han tenido fama de violentos, como queda claro si ves pelis de la selva o tipo *King Kong*. La realidad es que son muy fuertes y agresivos cuando se ven amenazados, pero también son uno de los animales más inteligentes que existen, y comparten muchos instintos con los humanos; por ejemplo, el de cuidar a sus crías… y, como verás, de vez en cuando también a las de otros.

Jambo (que significa «hola» en suajili, uno de los idiomas africanos) vivía tranquilo en un zoo inglés… hasta el día en que la familia Merritt fue de visita.

Al ir a ver el foso donde vivían los gorilas, el padre levantó sobre sus hombros al hijo más pequeño. Levan, su hermano, intentó lo mismo por su cuenta, y se subió al bordillo que los separaba del foso. Pero resbaló, cayó en la zona de los gorilas y quedó inconsciente.

Jambo lo vio enseguida y corrió hacia él. Desde arriba, la familia y el resto de la gente miraban aterrorizados. Enseguida avisaron a los guardas, pero no iban a llegar a tiempo.

Inesperadamente, en vez de atacar a Levan, Jambo se colocó desafiante entre él y el resto de los gorilas. Es un conocido gesto de protección: les estaba avisando de que no lo atacaran, que el niño estaba bajo su protección. Y así se quedó hasta que al poco acudieron los cuidadores a rescatar a Levan.

Gracias a que alguien del público grabó en vídeo lo sucedido, Jambo se convirtió durante unos días en toda una celebridad. Y hace poco las espectaculares imágenes han vuelto a triunfar en las redes sociales como parte de una campaña a favor de los gorilas.

Hoy, en el zoo hasta le han dedicado una estatua. Y es que Jambo no habrá cambiado el mundo (los expertos ya conocían desde hace mucho el comportamiento de los gorilas), pero, en cierta forma, sí cambió las ideas del público sobre su especie.

MILA

La ballena que salvó a una buceadora protegiéndola en su boca.

Hasta hace poco, las ballenas tenían una fama terrible e inspiraban miedo. La verdad es que sí, pueden ser muy fuertes y agresivas, pero, como los elefantes o los gorilas, solo cuando se las ataca. En general, son amistosas con las personas, sobre todo si las ven con frecuencia.

La protagonista de esta historia es una prueba clarísima de ello. Mila vivía en un enorme parque acuático en China, cerca del Ártico, y siempre tenía un montón de visitantes. Aquel día, además, se celebraba una competición de submarinismo libre, sin oxígeno.

Yang Yun, una de las participantes, no esperaba que el agua estuviera tan fría, y al tirarse se dio cuenta de que sus piernas no le respondían. Sin poder evitarlo, aterrorizada, empezó a hundirse más y más, y a quedarse sin aire.

Mila era una beluga; aunque en realidad no es una ballena, se la considera como tal, pero es más pequeña: apenas seis metros, ¡eso no es nada! Resulta especialmente amistosa con los humanos, y, curiosamente, es uno de los pocos animales que también tienen músculos en la cara específicamente para sonreír.

Según explicó después la buceadora, de repente sintió una gran fuerza que venía desde abajo, y vio que era Mila, que la guiaba con el morro hacia la superficie. No solo eso, sino que la cogió con mucho cuidado entre los dientes y se metió medio cuerpo de Yang Yun dentro de la boca para protegerla mejor.

(Debe de haberle resultado muy impresionante: las ballenas de verdad no tienen dientes, pero ¿recuerdas que hemos dicho que en realidad la beluga no es una ballena? ¡Pues tiene una dentadura enorme!)

Mila dejó a Yang a salvo en la superficie, para enorme sorpresa del público, y se fue a lo suyo tan tranquila. Confiamos en que a Yang Yun, al menos, le concedieran el premio a la originalidad. ¡Y si no, ahora ya sabe cómo se sintió Pinocho!

FRIDA

La perrita mexicana que ha rescatado a más de cincuenta
víctimas de terremotos y catástrofes naturales.

Si tienes un perro, o si has observado cómo usan el olfato y pueden detectar el olor de su dueño en una calle aunque hayan pasado horas, seguro que entiendes por qué estos animales resultan imprescindibles en los rescates de víctimas de catástrofes naturales como terremotos, inundaciones… cualquier caso en el que se necesite encontrar a gente que no se puede ver.

Y es que muchos perros son capaces de oler en el aire las células que siempre están desprendiéndose de nuestra piel.

Frida, una de las perritas de la marina mexicana, es el ejemplo más famoso de los últimos tiempos, porque se convirtió en can del año en las redes sociales tras un gran terremoto en México. Su aspecto, con gafas para protegerse los ojos de gases, chaleco y protectores en las patas para no herirse con los fragmentos afilados, la ha hecho única en el mundo.

La propia Frida ha participado en más de cincuenta rescates. Es un trabajo muy complicado, que requiere una gran concentración en mitad del caos de un desastre natural. De hecho, los perros rescatadores tienen un adiestramiento más duro que casi cualquier otro. Básicamente han de aprender a encontrar olores que no pertenezcan a gente que esté en la superficie, a seguirlos y a quedarse totalmente quietos hasta que aparezca su cuidador humano.

Después de casi diez años de trabajo en las más importantes catástrofes de la zona, Frida ya está a punto de jubilarse, y pasará a tener una vida mucho más tranquila cuando sea adoptada por uno de sus cuidadores, como es tradición.

Mientras tanto, puede estar contenta al pensar en la estatua que le han dedicado en la ciudad, ¡y hasta de convertirse en la estrella de un episodio de *Los Simpson*!

NING NONG

La elefanta que salvó la vida a una niña durante un tsunami.

Muchos animales captan los desastres naturales antes que el ser humano. No es que adivinen el futuro, claro, sino que notan pequeños cambios como los temblores subterráneos que se producen antes de los terremotos. Caballos, perros, gatos… han salvado un montón de vidas, pero pocas veces de forma tan directa como lo hizo Ning Nong.

Amber Mason, una niña inglesa de ocho años, estaba de vacaciones en Tailandia. Le atrajo ver que en las playas se ofrece a los turistas subir a lomos de los elefantes. Pero era muy tímida, y de hecho fue una de las elefantas, Ning Nong, la que se le acercó y pareció invitarla.

Ning Nong y Amber se entendieron muy bien, y la niña volvió a pasear con ella cada día… hasta que la naturaleza se interpuso, con la llegada de uno de los peores tsunamis que se recuerdan. Un tsunami es la ola gigante que se crea cuando hay un maremoto; puede tener más de veinte metros de altura y es una de las fuerzas naturales más destructivas que existen.

Ning Nong se había mostrado nerviosa durante todo el día. Cuando Amber se subió sobre ella, intentó llevarla una y otra vez tierra adentro, a una mayor altura, en vez de pasearla por la playa. Pero su cuidador, que no conocía el peligro, se lo impedía…

… hasta que vio la ola que se acercaba y no solo las dejó ir, sino que las siguió. Pero Ning Nong vio que no podría evitar la ola e hizo algo aún más increíble: se agarró muy fuerte al suelo e hizo de pared para proteger a su amiga. Pasado el peligro, las dos volvieron tan tranquilas a la playa.

Y es que los elefantes, uno de los animales más inteligentes, tienen un sentido de la amistad muy parecido al de los humanos. No solo eso, sino que con su memoria increíble pueden reconocer a alguien que vieron hace muchísimos años. ¡Amigos para siempre!

JIM

El caballo que pasó de repartir leche a salvar millones de vidas.

Pocos discutirían que el caballo, además de ser uno de los animales más encantadores que existen, ha sido el más importante para la humanidad. Durante siglos fue la forma más rápida de transporte que existía. Aún hoy, cuando se dice que un coche tiene tantos caballos, se refiere a que su motor equivale a la fuerza de estos.

Muchos caballos han salvado vidas. Pero muy pocos podrían afirmar, como Jim, haber salvado *millones* de vidas.

A finales del siglo XIX, los médicos de Nueva York estaban desesperados por una epidemia de difteria, que es una enfermedad mortal que estaba afectando a miles y miles de niños.

Hermann Biggs, responsable de la salud de la ciudad, había oído decir que en Alemania se usaban caballos para conseguir una cura. Estos animales, al sobrevivir a la enfermedad, generaban en su sangre una sustancia que anulaba los efectos de la difteria.

El doctor Biggs rogó que la ciudad comprara caballos. Pero le dijeron que no había dinero y que esperara al año siguiente. Desesperado, Biggs decidió comprar uno de su propio bolsillo. El elegido fue Jim, que hasta entonces tiraba de un carro que vendía leche por las casas.

Jim resultó excelente… y muy rápido. Al poco de empezar su trabajo, las muertes por difteria habían bajado a menos de la mitad.

Por si fuera poco, años después Jim volvió a cambiar el mundo: contrajo otra enfermedad y esta se contagió a través de las vacunas.. El desastroso resultado hizo que se crearan nuevas leyes sobre la experimentación con vacunas para que fueran mucho más seguras.

Jim pasó a la historia creando en su cuerpo la cura a una terrible enfermedad. ¡Nunca un caballo ha sido más «pura sangre»!

ROBERTA Y AMIGOS

El grupo de perros que demostró que hay muchas maneras de salvar víctimas.

Este libro está repleto de animales heroicos, que han conseguido mucho más de lo que se esperaba de ellos. Pero hay otros que, quizás sin alcanzar gestas tan espectaculares, salvan vidas… por el solo hecho de existir. Los perros de terapia de Boston se hicieron famosos hace unos años justo por eso.

Hace miles de años que los animales de compañía confortan a sus dueños y les ayudan a superar las situaciones difíciles. Pero solo recientemente se han empezado a usar perros especialmente entrenados para ayudar a las víctimas de sucesos terribles.

La maratón popular de Boston congrega cada año a miles de participantes y espectadores. En 2013, unos terroristas colocaron dos bombas en la línea de meta. Solo hubo tres víctimas mortales, pero muchos otros quedaron afectados por el horror que causó.

Además de los muchos equipos de rescate y tratamiento, se envió a cinco «perros de terapia» muy especializados: son entrenados para ello desde que tienen seis semanas, durante unos ocho meses.

Es sabido que a las víctimas de tragedias les ayuda poder contar lo sucedido y hablar con alguien que los escuche, además de abrazar y acariciar a los seres queridos. Los perros resultan ideales, ya que ofrecen cariño sin pedir nada a cambio, y, como la gente sabe que no los van a juzgar, a veces se abre más a ellos que a otras personas.

Los perros atendían por turnos a diferentes personas, como si fueran verdaderos psicólogos. Y, para después de la terapia, cada uno tenía una cuenta en las redes sociales, a través de la cual los pacientes podían seguir en contacto.

La prueba fue un éxito absoluto, tanto entre los pacientes como entre el público, y los perros se hicieron famosos en todos los medios. ¡A fin de cuentas, pocos psicólogos se dejan abrazar o se ponen tan contentos cuando les dan una galleta!

CHER AMI

Nunca una paloma ha salvado a tantas personas.

A principios del siglo xx, el planeta sufrió la Primera Guerra Mundial. Combatieron millones de personas, pero también bastantes animales.

Las palomas mensajeras eran muy importantes para enviar notas. Gracias a su increíble sentido de la orientación, se les ataba un papel con un pequeño mensaje a una pata y se las soltaba, sabiendo que volverían al cuartel donde habían sido criadas. Eran la mejor manera de comunicar con la base.

Unos criadores ingleses habían regalado a Cher Ami («Querido amigo»: no se habían dado cuenta de que era hembra) al ejército estadounidense, que la entrenó y la mandó a combatir a Francia.

Allí, su batallón quedó atrapado, rodeado de enemigos. No tenían ni munición ni comida. Para acabar de arreglarlo, otras tropas aliadas empezaron a bombardear, sin saber que ellos estaban allí.

Intentaron enviar a varios soldados para que corrieran a buscar ayuda, pero todos eran derribados. Después mandaron palomas mensajeras, pero las dos primeras sufrieron el mismo destino.

Por fin, le tocó a Cher Ami. Su mensaje decía en parte: «Nuestra propia artillería nos está masacrando. Por favor, paren».

También dispararon contra ella, y perdió un ojo y una pata. Pero, malherida y rodeada de fuego enemigo, Cher Ami siguió volando decidida y superó en tiempo récord los 40 kilómetros que la separaban del cuartel. Gracias al aviso, el ataque cesó y se salvaron cientos de vidas.

Gracias a su hazaña, Cher Ami recibió varias medallas al valor. Y, lo más importante, la operaron como a un héroe de guerra y hasta le construyeron una pequeña pata de madera. Y así pudo regresar a América (¡en barco, no volando!) y vivir feliz en su cuartel.

Si las personas no pueden contenerse de causar guerras, ¿por qué no dejan al menos en paz a los animales?

«Aunque el resto de los animales sea diferente a nosotros, esto no significa que sean *menos* que nosotros.»

Marc Bekoff

ANIMALES ÚNICOS

En esta sección encontrarás animales que, por razones muy diferentes, te llamarán la atención: desde el primer perro que se conoce en la historia (y un cerdo que la cambió por completo) hasta el famoso pulpo que se hizo famosísimo «adivinando» los resultados de los mundiales de fútbol. Unos te harán reír, otros reflexionar… ¡y otros te harán pensar que somos nosotros los que estamos como una cabra!

ABUWTIYUW

El perro que vivió como un rey y fue enterrado como un faraón.

¿Cuál fue el primer animal de compañía de la historia? Eso no lo sabremos nunca, pero sí podemos hablar del primero que se conoce por su nombre: Abuwtiyuw, el perro de un faraón egipcio.

Los perros eran animales sagrados o muy respetados ya en las primeras grandes civilizaciones, como los antiguos persas y los egipcios. Estos últimos llegaron a representar a muchos de sus dioses con cabezas de animales: cocodrilos, gatos, chacales…

Por desgracia, se sabe muy poco sobre Abuwtiyuw, aparte de que era un lebrel (parecido a un galgo) y que era el animal de compañía de un faraón. Todo lo que se conoce es por el texto que el propio faraón hizo poner en la lápida del perro –aunque la tumba en sí no se ha encontrado–, junto a una imagen de la que solo se conserva una parte, y que muestra a Abuwtiyuw llevado con una correa.

Sí: ya en la Antigüedad había cementerios de animales… aunque solo los podían pagar los dueños más ricos. ¡Hasta se ha descubierto una tumba donde había más de cuatrocientos mil gatos!

Se supone que el nombre de Abuwtyuw significaba «Orejas puntiagudas». Como muchos nombres de perros que aparecen en pergaminos tienen las letras «bu», se cree que es la forma usada por los egipcios para representar un ladrido.

Abuwtiyuw, sin duda, llevó una vida de lujo y, desde luego, tuvo grandes honores después de su muerte, mucho más de los que se daban a otros perros. El propio faraón encargó que lo enterraran junto a un montón de regalos suyos. Esto era importante porque los antiguos egipcios creían que los muertos podían llevarse sus cosas al más allá.

¡Así que, la próxima vez que huyas perseguido por una momia, no estés tan seguro de que lo que hay dentro es una persona!

BABIECA

El caballo que ayudó al Cid a ganar batallas... hasta después de muerto.

Quizás hayas oído decir que alguien muy triunfador es como el Cid, que «ganaba batallas hasta después de muerto». Como verás, el origen de esta expresión tiene más que ver con su caballo que con él.

A pesar de su fama, se cree que el Cid era un mercenario: actuaba por su propio interés y a favor de quien le pagara, fuera cristiano o musulmán. De lo que no hay duda es de su éxito: durante la Reconquista creó su propio señorío independiente en Valencia y llevó a cabo grandes hazañas en combate.

Lo más importante para un guerrero como él era su caballo. El impulso natural de un caballo no es precisamente ir hacia el escándalo y la violencia de una batalla, sino más bien salir corriendo en dirección opuesta –con buen criterio. Por tanto, resultaba esencial que el caballo tuviera un temperamento muy especial y un perfecto entendimiento con su dueño.

Según la leyenda, al Cid le dieron a elegir qué caballo quería, y en vez de quedarse con uno de los que le ofrecían, entró en un establo y eligió uno mucho más pequeño y en apariencia frágil, pero también más rápido. Babieca significaba «tontito, débil…». Tiene el mismo origen que la expresión «estar en Babia».

Desde entonces acompañó al Cid en más de setenta batallas, y no perdieron ni una. Pero la más conocida en todo el mundo fue la última: el Cid había muerto el día anterior, y los enemigos atacaban Valencia. Jimena, su viuda, vio que tenían todas las de perder. Decidió montar el cadáver de su marido sobre Babieca y hacerlo salir al combate. El Cid inspiraba tanto miedo entre sus enemigos que, en cuanto lo vieron, y pensando que seguía vivo, huyeron de inmediato.

Es muy posible que esta historia sea totalmente falsa. Pero no hay duda de que, en la realidad o la leyenda, Babieca es uno de los caballos más valientes, fieles y victoriosos que han existido (o no).

BUDDY

Uno de los primeros perros lazarillo de la historia.

Hoy estamos muy acostumbrados a los perros lazarillo, que guían a las personas invidentes, y nos parece que han existido desde siempre. Pero en realidad son bastante recientes.

Empezaron a usarse de forma experimental después de la Primera Guerra Mundial, en una clínica suiza para soldados que se habían quedado ciegos. Fue allí donde nació Buddy y fue entrenada (era chica) por Dorothy Harrison, pionera en los perros lazarillo.

Mientras tanto, en Estados Unidos, un hombre llamado Morris Frank, también ciego, no soportaba depender de otras personas. Cuando le leyeron una noticia sobre la clínica suiza, decidió que esa era la solución a su problema. Dorothy lo invitó a visitarla para conocer todos los detalles.

Durante su estancia en la clínica, Morris conoció a Buddy, y enseguida se entendieron. ¡Por fin podría ir a todas partes sin tener que pedir a otros que lo acompañaran!

De hecho, quedó tan impresionado que esta vez fue él quien invitó a la doctora (y a Buddy) a su país. Allí le propuso montar la primera clínica de entrenamiento de perros lazarillo en Estados Unidos.

Muchísimos invidentes mostraron un gran interés. Pero había un problema grave: los perros tenían prohibido entrar en muchos hoteles, restaurantes, trenes, aviones…

Junto con Dorothy (¡y Buddy!), Morris se dedicó a viajar por todo el país, organizando actos en los que daba a conocer a Buddy y exigía que la dejaran acompañarlo a todas partes. Quería que fuera «igual de aceptada que un bastón». A fin de cuentas, estaba entrenada especialmente para no molestar a nadie.

Fruto de sus esfuerzos incansables (¡y los de Buddy!), los perros lazarillo acabaron siendo reconocidos y aceptados por todos. ¡Y es que, además de muy útiles, son todos encantadores (como Buddy)!

BRITCHES

El macaco que consiguió disminuir la crueldad en los experimentos científicos con animales.

La experimentación con animales es un tema muy polémico: unos creen que es necesaria para la ciencia, y otros, que es una crueldad innecesaria.

Hasta no hace mucho, la ciencia ni siquiera tenía en cuenta el sufrimiento que causaba a los animales.

Y entonces aparecieron el Frente de Liberación Animal y Britches.

Este pequeño macaco vivía enjaulado en los laboratorios de una universidad norteamericana. Su vida no era nada feliz: desde que era una cría había sido sometido a toda clase de experimentos crueles e inútiles. Tanto, que una alumna del centro avisó de la situación al Frente. Una noche, este grupo decidió entrar en la universidad y liberar a todos los animales, casi quinientos, y quedarse con Britches y cuidarlo hasta que recuperase la salud.

Por supuesto, hacer eso no era (ni es) legal. Pero los miembros del Frente creían que el público solo reaccionaría si se les mostraba los horrores que se cometían en nombre de la ciencia.

La acción fue muy discutible, pero dio resultado: la imagen de Britches, maltratado, se hizo famosísima, y la reacción de la gente a su favor obligó a crear nuevas leyes: no se prohibieron del todo esta clase de experimentos, pero se obligó a que estuvieran justificados.

Mejor aún, muchas empresas decidieron dejar de hacerlos por la mala imagen que les daban. Hoy se considera una gran demostración del poder de la gente para cambiar las cosas.

En cuanto a Britches, tras ser curado, tuvo que aprender a relacionarse con otros animales (nunca había tenido ocasión), y fue entregado a un macaco hembra «especialista» en cuidar de huérfanos. Por suerte, pudo vivir feliz sus últimos años. Así, este pequeño macaco que ayudó a evitar el dolor inútil a muchos otros animales, también nos ayudó a nosotros a ser más humanos.

HARRIET

La tortuga que nació en el siglo xix y murió en el xxi.

Las tortugas son, con mucha diferencia, los animales que más años viven (eso si no contamos formas de vida más simples, como el coral o la almeja Ming, a la que también encontrarás en este libro).

Harriet destaca no solo por ser la tercera tortuga más longeva que se conoce, con 175 años, sino por lo interesante de su historia.

Cuando tenía cinco años y vivía tan tranquila en las islas Galápagos, fue recogida personalmente por Charles Darwin, que realizó dos expediciones por todo el mundo a bordo del barco *Beagle*, para estudiar las características de los animales y para descubrir por qué algunas de estas eran diferentes de un lugar a otro. Con ello creó su teoría de la evolución, que cambió el mundo.

En sus viajes, Darwin elegía unas cuantas criaturas especialmente interesantes, que se llevaba en el barco para estudiarlas. ¡Debió de acabar pareciendo el arca de Noé!

Pero, claro, una vez que volvió a Inglaterra y estudió todos sus especímenes, ¿qué iba a hacer con ellos? ¡Eran centenares! Decidió donarlos a museos, pero los miembros de la tripulación se habían encariñado de algunos de ellos y se los quedaron como mascotas.

Harriet fue escogida por el capitán del *Beagle*, y lo acompañó en el resto de sus viajes por todo el mundo. Por fin, cuando el capitán se retiró, donó la tortuga a un jardín botánico en Australia.

Allí vivió muy tranquila hasta el año 2006. Es decir, que gracias a su larguísima vida y a haber nacido a finales de un siglo, vivió en tres diferentes: el xix, el xx y el xxi.

Harriet no perdió la capacidad de sorprender hasta el final: en sus últimos años se descubrió que en realidad era un macho.

Tortuga o *tortugo*, Harriet tuvo una vida tan larga como apasionante. ¡Por muchos años!

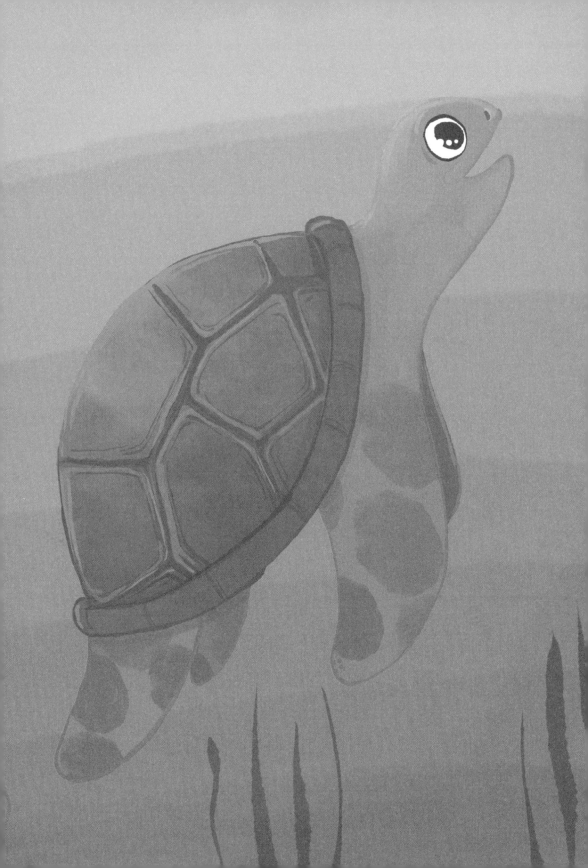

BOBBIE

El perro que viajó 4.000 kilómetros para reencontrarse con su familia.

Los perros son el mayor símbolo de fidelidad a sus dueños. Nadie diría que son descendientes de los lobos (¡los perros, no los dueños!).

Todos conocemos casos que demuestran el cariño y los sacrificios que es capaz de hacer un perro por su amo. Ojalá que al revés fuera siempre igual de cierto. Pero existe un caso famoso en todo el mundo que es el mejor ejemplo. ¡Por algo es conocido hoy como Bobbie, el Perro Maravilloso!

Bobbie había salido de viaje en coche con sus dueños. Durante una parada en una cafetería de carretera, otros perros lo atacaron y lo obligaron a huir corriendo. Lo que Bobbie no esperaba era que, al volver, la familia hubiera desaparecido. No era culpa de ellos: lo habían buscado por todas partes. Esto sucedió hace casi un siglo: no había ni chips de identificación, ni seguimiento por satélite, ni…

Con todo el dolor de su corazón, la familia volvió a su casa sin Bobbie. Lo lamentaron muchísimo, pero, como se dice, la vida sigue.

Pasaron seis meses. Y entonces, un día, de repente, Bobbie se presentó en casa de la familia. Estaba agotado, había pasado hambre y sed, y había hecho un esfuerzo increíble: seguir con su olfato el rastro de la familia durante todo ese tiempo, buscándolos sin rendirse. ¡Lo que no habíamos dicho es que el viaje en cuestión había sido de más de cuatro mil kilómetros!

La historia de Bobbie se hizo famosísima. Todo el mundo hablaba de él, hasta el punto de que los periodistas decidieron investigar el recorrido que había hecho, y descubrieron que, además, había conseguido ganarse el corazón de toda la gente que había conocido durante su larguísimo viaje.

Y cuando Bobbie murió, feliz, mucho más tarde, hasta el propio perro actor que hacía de Rin Tin Tin asistió al funeral.

SEABISCUIT

El caballo de carreras que ganaba contra pronóstico y se convirtió en todo un símbolo de esperanza.

La Gran Depresión en Estados Unidos fue una época terrible de crisis. La gente necesitaba como nunca un símbolo que les dijera que cualquiera era capaz de salir de la pobreza y acabar triunfando.

Seabiscuit era un caballo purasangre nacido en una familia de campeones. Se esperaba mucho de él, pero enseguida decepcionó: le gustaba demasiado comer y dormir, y era un poco patoso. Aun así, le dieron ocasión de participar en unas cuantas carreras. De las diez primeras no ganó ni una. Su dueño acabó vendiéndolo. Así, Seabiscuit tuvo un nuevo entrenador que supo entenderlo mucho mejor y, a pesar de un principio poco espectacular, pronto empezó a ganar una carrera tras otra.

Por entonces, las carreras de caballos eran mucho más populares que ahora, y Seabiscuit no tardó en hacerse famoso en todo el país. La radio y los diarios no paraban de hablar de él, y en vista del éxito, su dueño hasta creó un montón de productos con el nombre del caballo.

Su momento cumbre fue la llamada Carrera del Siglo, en la que se enfrentó a War Admiral, hijo del abuelo de Seabiscuit. Cuarenta millones de personas siguieron por radio el enfrentamiento. Las apuestas estaban 4 a 1 a favor de War Admiral: como había pasado siempre, todos creían que Seabiscuit era bueno pero su contrincante era mejor. Y, una vez más, se equivocaron: ganó con autoridad.

Poco después tuvo un accidente y se creyó que no volvería a correr, pero al poco ganó nuevos trofeos. Cuando se retiró era el caballo de carreras que había ganado más dinero de toda la historia.

Desde entonces, varios libros y películas lo han convertido en un símbolo de la victoria contra todo pronóstico.

No sabemos si le gustaría contar batallitas a sus nietos, como a los humanos, pero no le hubiera resultado difícil: entre carrera y carrera, Seabiscuit tuvo tiempo para tener ¡108 hijos!

MING

La almeja que vivió ¡más de quinientos años!

«Descubren al animal más viejo del mundo y lo primero que hacen es acabar con él.» De este estilo fueron los titulares de las noticias en Gran Bretaña hace unos años. Los lectores se indignaron e inundaron los diarios y las teles con cartas y mensajes de protesta.

Pero la realidad, claro, fue un poco más compleja.

Un grupo de científicos investigaba el cambio climático. Para ello, recogieron un grupo de almejas en Islandia. «¿Qué tiene que ver una cosa con la otra?», te preguntarás. Si has oído que al cortar un árbol se puede saber su edad por la cantidad de anillos del tronco, con las almejas sucede lo mismo al observar las capas de sus valvas. Y, además, analizándolas, puede averiguarse mucho sobre el mar en sus diversas etapas.

Durante los tests descubrieron por casualidad que una de las almejas tenía más de quinientos años, lo que superaba en mucho a cualquier tortuga (en este libro encontrarás la historia de Harriet), y solo era ganada por formas de vida más sencillas como los corales, que pueden cumplir más de 10.000 años.

Decidieron llamar a la almeja Ming: la dinastía que gobernaba China cuando ella nació.

El problema es que los científicos averiguaron su edad por casualidad… y para analizar la almeja no hay más remedio que abrir el caparazón, cosa que siempre acaba con la vida del animal.

Los investigadores insistieron en que las almejas de Islandia, debido al frío, desarrollan grandes defensas que hacen que todas vivan mucho. Y que cualquiera que haya tomado una sopa de almejas en la zona puede haberse comido una tan vieja o más que Ming.

¡Por si acaso, cuando veas una almeja, pregúntale qué tal se vivía en la Edad Media!

RUPEE

El perro que salió de un basurero y llegó a la cima del mundo.

Se calcula que en el mundo hay casi quinientos millones de perros sin hogar. A los amantes de estos animales se le ponen los pelos de punta. La exgolfista australiana Joanne Lefson es una de ellas.

De viaje por la India, Joanne, que había perdido a su propio perro hacía poco, se encontró con otro, vagabundo, que rebuscaba en un basurero. Se enamoró de inmediato, se lo quedó y lo llamó Rupee («Rupia»). Y, aún más: pensó que tenía que hacer algo para concienciar al mundo de la situación de los perros sin hogar.

Ya era una figura muy conocida en las redes sociales porque con Oscar, su anterior perro, había dado la vuelta al mundo y había publicado fotos de este en todos los paisajes más importantes.

Un año más tarde, decidió organizar una expedición de *trekking* hasta el campo base del Everest, acompañada en todo momento por Rupee. Durante el trayecto, que tenía unos cuantos tramos bastante complicados, Joanne comentó más de una vez que se había sorprendido: creía que tendría que ser ella la que tirara de Rupee, pero fue más bien al revés, ella tenía que seguirle el ritmo al perro.

Rupee se convirtió en el centro de atención de monjes budistas, niños de aldeas que insistían en jugar con él… hasta que los dos llegaron al campamento base del Everest sin ningún problema.

Joanne comentó en las redes que Rupee había sido el primer perro en conseguirlo… y por supuesto, como pasa siempre, salieron miles de personas que protestaron y señalaron a otros perros que lo habían logrado antes y hasta habían llegado más alto. ¡De repente, parecía que no hubiera perro en el mundo que no hubiera escalado el Everest!

De todas formas, Joanne no intentaba batir ningún récord sino hacer campaña por las adopciones, y los millones de personas que siguieron su aventura junto a Rupee son prueba de su éxito total. ¡Para que luego digan que en internet todo son gatos!

ANÓNIMO

El cerdo que trajo la democracia a Europa.

Quizás este titular te haya extrañado. Durante la historia ha habido un montón de personas que han luchado por la democracia en muchos países, pero ¿un cerdo? ¿Cómo es eso posible?

La explicación tiene mucho de fantasía, pero está basada en hechos totalmente reales.

Comienza en el siglo XII. Felipe, príncipe de Francia, salió a pasear a lomos de su caballo. Y entonces intervino el cerdo que «cambió el destino» de Europa: se les cruzó a toda velocidad y asustó al caballo, que tiró a Felipe al suelo. La caída le provocó la muerte.

Su padre, el rey, hizo dos cosas: prohibir cerdos sueltos en las calles de París y nombrar nuevo sucesor a su segundo hijo, Luis.

Este llegó a ser el rey Luis VII. Se casó con una noble, Leonor, pero después se cansó de ella y anuló el matrimonio. Leonor, no dispuesta a ir a menos, se casó con el rey Enrique II de Inglaterra. Y el hijo de los dos, Juan I, fue el sucesor de este.

Durante su reinado, Juan se enfrentó a gente a la que debía mucho dinero, y se vio obligado a firmar un documento, la Carta Magna, en el que les cedía parte de su poder. Esto está considerado como la base de la democracia moderna, al acabar por vez primera con el poder absoluto de un rey.

Por supuesto, nadie sabe lo que hubiera pasado de no haberse cruzado el cerdo en el camino de Felipe. Y quizás la explicación más probable es que hubiese pasado lo mismo, pero con otras personas: se habrían encontrado con problemas muy similares y los habrían solucionado igual.

Quién sabe. Pero la democracia es algo muy serio y siempre se debe al esfuerzo de muchísimas personas. Aunque también es cierto que el cerdo es uno de los animales más inteligentes que existen…

PLANARIA

Cómo una lombriz de tres centímetros estuvo a punto de revolucionar la ciencia.

Este experimento se hizo famosísimo hace unas décadas por lo increíble de sus resultados.

Los protagonistas fueron dos. Por un lado, una lombriz planaria, que es un animal muy simple de tres centímetros, pero con una característica increíble: si se lo corta en dos, de ambos trozos crecerá lo que falta hasta tener dos lombrices enteras y vivas.

Y, del otro lado, James V. McConnell, un científico muy especial: publicaba sus investigaciones junto con artículos de humor. Dejó de hacerlo porque los lectores no distinguían unos de otros.

McConnell trabajó veinte años con las lombrices planarias y llevó a cabo muchos experimentos. Consiguió que recorrieran un laberinto y se aprendieran el recorrido.

Lo más impresionante era que, si después mataba a la lombriz y se la daba de comer a otras, estas resolvían el laberinto a la primera. Es decir, que los recuerdos pasaban de una a otra. McConnell estaba convencido de que los seres vivos guardaban parte de su memoria en cada célula, y que se podía acceder a esta.

Por desgracia, y aunque, como hemos dicho, todo el mundo quedó impresionado, ningún otro científico fue capaz de repetir el resultado con otras lombrices planarias. Por lo visto, las nuevas lombrices solo seguían el rastro que habían dejado las anteriores en el laberinto sucio. Algunos también dicen que en el laboratorio llegó a formarse tal caos que nadie sabía qué lombrices sabían el camino, cuáles no, ni cuál comía qué. El experimento acabó considerándose uno de los peor realizados de la historia.

Hoy en día se sabe que, aunque McConnell se equivocaba, es cierto que las células contienen más información de la que se creía entonces… pero no tiene nada que ver con la memoria o con resolver laberintos.

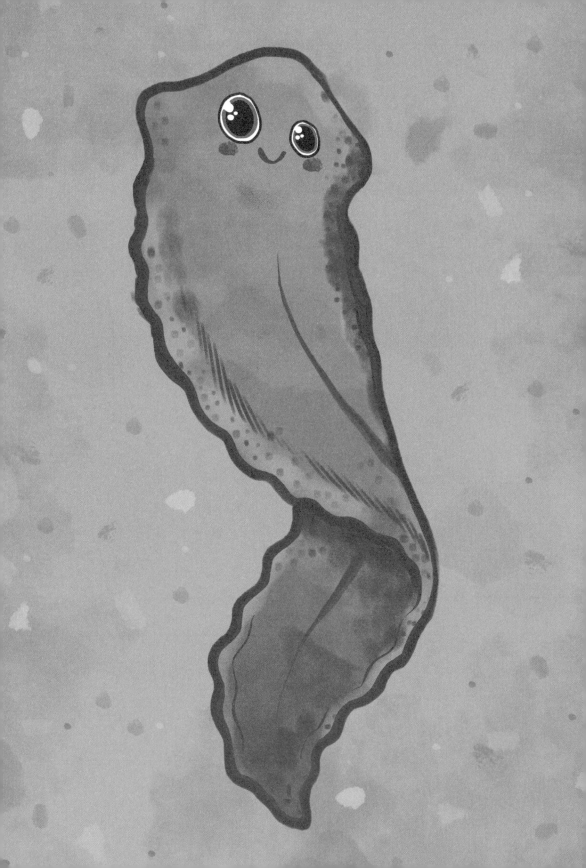

PAUL

El pulpo adivino que acertaba los resultados de fútbol.

Si nos preguntan por los animales más inteligentes del mundo, pensaremos en mamíferos: delfines, monos, elefantes, perros… Pero hay otros, como el cuervo o el pulpo, que pocas veces son mencionados y en realidad se encuentran en lo más alto de esa lista.

El pulpo, en concreto, cumple a la perfección uno de los criterios de la inteligencia: si se propone algo y no lo consigue, piensa y prueba a hacerlo de otra forma. La inmensa mayoría de animales no tienen memoria o capacidad, y probarán lo mismo mil veces.

Aunque de ahí a lo del pulpo Paul… Digamos que, si se hiciera un telediario presentado por animales y la marmota Phil fuera «la chica del tiempo», Paul sería el de la sección de deportes.

Los pulpos como Paul viven unos dos años. Él vivió tres y, en ese poco tiempo, consiguió hacerse famoso en todo el planeta por adivinar casi todos los resultados del Mundial de Fútbol 2010, incluida la victoria final de la Roja (¿quizás porque es un color parecido al de un mejillón?).

Aunque nació en un acuario inglés, Paul pronto fue trasladado a un *marine life* alemán, donde empezó a mostrar su talento. Sus cuidadores le colocaban en la pecera dos cajitas con carne de mejillón dentro y las banderas de los países que iban a enfrentarse; la primera cajita que elegía Paul indicaba por qué equipo apostaba. Lo más curioso es que acertó siete de sus ocho predicciones.

Por supuesto, en realidad, Paul ni siquiera sabía lo que es el fútbol. Simplemente reflejaba lo que le habían enseñado sus cuidadores. Lo que lo hacía más creíble era, precisamente, que nadie piensa que un pulpo pueda aprender a hacer un truco.

Prueba de su enorme éxito mundial es la gran cantidad de sucesores que le han salido, desde un lémur hasta un gato sordo. Pero ninguno ha conseguido lo que hizo Paul. Descanse en pez, queremos decir, en paz.

DAS, OLIVIA Y SUMMER

Los perros que se dedican a devolver la vida a los bosques.

Este mundo es de todos, y entre todos tenemos que ayudar a conservarlo. No hay mejor ejemplo de esto que las hermanas Francisca y Constanza Torres (en el lado humano) y las hermanas Olivia y Summer junto a su madre Das (en el canino). Juntas, han triunfado en todas las redes sociales gracias a una iniciativa única.

En 2017, una serie de feroces incendios forestales asolaron Chile, y el paisaje que quedó después fue desolador: se perdieron más de 450.000 hectáreas de terreno (busca cuánto es eso en kilómetros cuadrados y alucinarás). Todo era ceniza negra, y Francisca se quedó impresionada al pasear por ellos y no oír el menor signo de vida. «Lo único que oías era un silencio absoluto», dice.

Francisca es la directora de una comunidad virtual animalista y ecologista, Pewos, y decidió que tenía que hacer todo lo posible por devolver la vida al bosque. Era una tarea titánica e iban a necesitar tanta voluntad como imaginación. Por suerte, tiene de sobra, y cuenta con la ayuda de su hermana Constanza, y de su perra Das y sus dos cachorros, Olivia y Summer.

Nadie como estas tres últimas podía cubrir más terreno sin cansarse. Así que decidió ponerles unas alforjas especiales que, mientras corren y juegan por los bosques, esparcen semillas seleccionadas por Constanza. En cada una de sus salidas cubren una superficie de entre 30 y 40 kilómetros. Además, están entrenadas para no atacar a los animales salvajes, sino dar un ladrido de alerta, con lo que Francisca está siempre al día de la vida que vuelve al bosque.

Aunque al principio todos decían que la idea no funcionaría, ya han recuperado quince bosques. Primero son las plantas y después, poco a poco, insectos, pequeños mamíferos…

Y mientras, Das, Summer y Olivia tienen el mejor trabajo que existe: salvar el planeta mientras juegan.

«La grandeza de una nación se puede juzgar
por el modo en que trata a los animales.»

Mahatma Gandhi

LOS ANIMALES MÁS QUERIDOS

Algunos han sido actores y han tenido millones de fans. Otros han sido alcaldes (¡en serio!), y otros son muy queridos en todo el mundo por su lealtad y amistad con sus amos; en ciertos casos, hasta han dado lecciones a los propios humanos sobre lo que es ser noble. Son los que hacen que la próxima vez que alguien te llame animal, tú puedas contestarle muy tranquilo: «¡Gracias!».

COPITO DE NIEVE

El único gorila blanco del mundo, que se convirtió en el símbolo de una ciudad muy lejos de su casa.

Quizás haya sido el gorila más inconfundible. Y, sin duda, uno de los más queridos. Copito de Nieve nació en Guinea Ecuatorial, que por entonces era una colonia española. Una tribu cultivaba café y plátanos, y pronto notaron que alguien les robaba a menudo: era la madre de Copito, para alimentar a su familia. Decidieron cazarla, y solo después se dieron cuenta de que llevaba a la espalda a su cría, un animal como no se había visto nunca: un gorila albino, es decir, de pelaje totalmente blanco.

Cerca había una fundación donde el zoo de Barcelona adiestraba a los animales que iban a ser enviados allí, para que se acostumbraran a los humanos. Los cazadores vendieron a Copito por el equivalente a unos 90 euros. El gorila demostró ser tranquilo y entenderse bien con la gente, por lo que se decidió su traslado.

Desde el principio se supo que iba a ser una gran atracción turística para Barcelona, y el alcalde en persona fue a recibirlo a su llegada. Pero el éxito de Copito superó todas las expectativas, sobre todo desde que fue portada de la revista *National Geographic*. Acabó siendo el símbolo de la ciudad en todo el mundo. ¡No existía ningún otro gorila blanco!

Todos querían que Copito tuviera hijos, para ver si también nacían blancos, aunque se sabía que iba a resultar muy difícil: su albinismo era producto de una mutación natural que tenía muy pocas posibilidades de pasar a sus bebés. Y, en efecto, tuvo un montón de hijos, pero ninguno fue blanco.

Después de más de treinta años como el rey del zoo y de la ciudad, Copito murió de una enfermedad de piel causada por su propio albinismo. Se han conservado muestras de su ADN, y siempre aparece en los primeros lugares de las listas de «animales que clonar» de todo el mundo, así que quizás pronto celebraremos tenerlo de vuelta… y sería genial que, esta vez, no fuese en una jaula.

HACHIKŌ

El perro que fue fiel a su dueño hasta el final... y más allá.

En Japón, el sentido de la lealtad a la familia es muy fuerte. Así, no es extraño que Hachikō se haya convertido en un héroe nacional.

Este perro había nacido en una granja. Su dueño, un profesor de universidad, lo compró allí y se lo llevó a vivir con él en Tokio. Cada día sin falta, cuando volvía del trabajo, Hachikō iba a buscarlo a la estación para volver juntos a casa.

Un año después, el profesor murió de repente mientras estaba en el trabajo. Al ir su perro a buscarlo, no lo encontró.

Pero Hachikō insistió y, durante más de nueve años, volvió cada día a esperarlo exactamente a la misma hora. Aunque la estación de Shibuya es la más transitada del mundo, mucha gente se había fijado en él y en el profesor. Sin embargo, al principio los empleados no se mostraron muy amables y lo echaban.

Entonces sucedió algo que lo transformó todo: un exalumno del profesor escribió un artículo en un diario contando la historia de Hachikō. El público quedó impresionado y hasta la actitud de los empleados cambió y empezaron a dejarle comida y dulces.

Poco a poco, la leyenda de Hachikō fue creciendo. Acabó siendo todo un símbolo nacional. Se escribieron libros sobre él, se puso su nombre a una de las entradas de la estación y se le dedicaron estatuas por todo el país. La historia superó las fronteras, y en Estados Unidos se hizo una película sobre el perro.

Años después, cuando se rodó un segundo film con Richard Gere, la leyenda de Hachikō siguió creciendo en todas partes. En realidad, el perro había muerto hacía ya mucho, y había recibido el honor de ser enterrado al lado de la tumba de su dueño.

Aunque se han dado otros casos similares por todo el mundo, Hachikō ha pasado a la historia como un ejemplo de lealtad y fidelidad. En Japón y mucho más allá.

TAMA

La gata que empezó como jefa de estación
y acabó como gran ejecutiva.

Los gatos son una de las mascotas más queridas desde que los antiguos egipcios empezaron a usarlos como animales de compañía. ¡Por no hablar de hoy en día en internet! Pero, si hay un lugar donde despiertan aún más pasión, es en Japón. Hasta existe una rama de la economía dedicada a estudiar los beneficios que trae a las empresas el hecho de tener un gato como mascota.

Un ejemplo muy claro –y mítico– es Tama, la gata que ha hecho una carrera impresionante en el mundo de los transportes japoneses.

Una estación de tren de Tokio estaba a punto de cerrar debido al descenso de viajeros. La gente insistió en que no lo hicieran, pero necesitaban inventarse algo para tener más visitantes. Como la estación era famosa por sus gatos callejeros, a los que empleados y pasajeros daban de comer, se decidió nombrar jefa a Tama, que había sido recogida en la calle por el jefe anterior.

Fue un gesto simpático, pero se lo tomaron muy en serio. Por ejemplo, dedicaron seis meses a hacerle una gorra oficial a medida.

El éxito fue inmediato. En solo un mes la cantidad de pasajeros aumentó notablemente, y cada vez eran más y más. Tanto, que un año después Tama ganó el premio a mejor jefa de estación del país, y al siguiente fue ascendida al cargo (inventado para ella) de «superjefa». Poco después, se creó una nueva «línea Tama» de trenes, con los vagones llenos de imágenes de la gata. Y fue ascendida de nuevo, hasta convertirse en el tercer cargo más importante de la empresa de ferrocarriles.

Aunque parezca broma, se calcula que Tama ha dado beneficios al turismo local por valor de más de un billón de yenes, la moneda de Japón.

Esta es la prueba más clara de algo que muchos ya sabíamos: para triunfar, pon un gato en tu vida.

PHIL

El ¿verdadero? animal del Día de la Marmota.

Gracias a una película, una pequeña celebración anual en un pueblo de Estados Unidos se ha convertido en un fenómeno retransmitido por televisiones de todo el mundo.

El Día de la Marmota está inspirado en una tradición alemana, según la cual, si un puercoespín despierta de su hibernación y ve su propia sombra, eso significa que el invierno y el mal tiempo van a durar aún seis semanas más. Para su versión norteamericana decidieron elegir a una marmota, que es más típica de la zona.

Phil, la elegida, es un animal único: mientras que otras viven unos seis años, él lleva desde 1887 al pie del cañón, y está tan misteriosamente joven como el primer día. Según los organizadores, eso se debe a que le dan de beber un ponche que lo rejuvenece.

En tanto tiempo Phil aún no ha aprendido a hablar humano, aunque ha hecho lo segundo mejor: entregar al presidente de su club una vara de madera que hace que lo entienda. Así, cada 2 de febrero, en mitad de la fiesta del pueblo, le llevan a la marmota para que le cuente si ha visto su sombra o no.

Aunque Phil es uno de los animales más queridos en su país y en otros muchos, también tiene sus enemigos. De hecho, en una acción muy típica de Estados Unidos, cada año que falla en su predicción le ponen un pleito. Y eso que Phil siempre acierta: oficialmente, su éxito es del 100 %. Si algún año parece equivocarse, es simplemente porque el presidente del club no la ha entendido.

Aun así, y quizás por su avanzada edad, Phil se ha confundido más de una vez y ha anunciado ver su sombra en días de mucha lluvia o no verla en días de pleno sol.

La verdad es que se han analizado sus predicciones desde 1887, y Phil ha acertado menos de 4 de cada 10 años. En su defensa, hay que admitir que a los meteorólogos de la tele tampoco les dicen nada cuando fallan…

LEO

El animal más visto en todo el mundo. Y uno de los menos conocidos.

Es el león más conocido de la historia: aparece al principio de todas las películas de la productora Metro Goldwyn Mayer desde hace ya más de un siglo. Ha dado lugar a toda clase de rumores, como el de que «cuando Leo ruge tres veces es que la película es buena», totalmente falso; y otro nacido en las redes sociales en los últimos años y mucho más serio: una supuesta foto del león atado y casi torturado mientras lo filmaban. En realidad, es un montaje a partir de la imagen verdadera de otro león (nada que ver con el cine) al que tuvieron que sujetar para hacerle una prueba médica. ¡No hay que creer todo lo que vemos en internet!

Hasta hoy ha habido siete leones diferentes en las carátulas de la Metro Goldwyn Mayer. Con cada avance técnico se ha tenido que rodar de nuevo: el primero era para el cine mudo; el segundo rugía, pero era en blanco y negro, etc.

Pero el verdadero Leo es el que viene apareciendo desde hace más de cincuenta años, y que fue comprado a un circo, donde sufría maltratos, precisamente porque era tan tranquilo que se dejaba filmar sin poner ningún problema. De hecho, en uno de sus primeros papeles se hizo muy amigo de una niña ciega, la protagonista de la película.

Aunque, si buscas un «escándalo», este es cierto: los leones no rugen de una forma tan impresionante, así que lo que oyes en la carátula de la Metro es en realidad… un tigre.

Respecto a sus antecesores en el papel de león de la Metro, el más conocido y destacado fue Jacky, entre los años treinta y cincuenta. Lo llamaban Jacky el Suertudo: durante su carrera artística sobrevivió a un terremoto, dos choques de tren, una explosión en el estudio y un accidente aéreo tras el cual pasó cuatro días en la selva sustentándose con el agua y los bocadillos del avión.

¡Ya no se hacen leones como los de antes!

PAL

La familia de perros que lleva más de sesenta años interpretando a Lassie.

Pal nació en una perrera de Hollywood, con lo que no es raro que su destino fuera la interpretación. Pero en un principio no impresionó en exceso: sus ojos demasiado grandes y una franja blanca en la frente hicieron que lo vendieran a precio de ganga. Su primer dueño tampoco quedó muy contento: Pal no paraba de ladrar y tenía la manía de perseguir motos, así que decidió llevarlo a un entrenador de perros para el cine, Rudd Weatherwax. Este se lo compró, aunque al poco se lo vendió a un amigo.

Cuando Rudd leyó que iban a filmar una película de la famosa novela *Lassie*, sobre un perro, creyó que Pal sería el protagonista perfecto. Volvió a comprarlo (¡parece que todos querían sacárselo de encima!), lo entrenó a conciencia y lo propuso a la productora, que, adivínalo, tampoco quedó impresionada y le dieron el papel a otro can, aunque aceptaron que Pal fuese su doble.

Por suerte, al final tuvo su oportunidad: el perro elegido se negó a interpretar escenas de acción en el agua, por lo que probaron con Pal. No solo hizo lo que debía, sino que acabó mirando a cámara con expresión de «¿Qué tal, eh?». Inmediatamente le dieron el papel.

Sus grandes ojos, su franja… todo lo que no había gustado resultó un éxito rotundo entre el público. Tanto, que se acabaron haciendo siete pelis de Lassie, y después, una serie de televisión. Para entonces Pal ya estaba mayor, así que su sucesor fue… uno de sus hijos.

La serie duró años, y cuando el nuevo Lassie también se hizo mayor le pasó el papel a su propio hijo, es decir, el nieto de Pal.

Muchos años después se decidió revivir la serie, y el público se quejó en masa porque no habían escogido a otro descendiente de Pal como protagonista. Al final, la productora tuvo que acceder.

¡Para que después digan de las dinastías de actores de Hollywood!

DINDIM

El pingüino más agradecido del mundo.

Hay infinidad de casos de total lealtad de un animal con una persona. Pero normalmente se asocian con mamíferos, que a fin de cuentas son lo más parecido al ser humano.

Es mucho más difícil encontrar casos similares con otra clase de animales. ¿Quién iba a esperar lealtad de algo como… un pingüino? Después de todo se trata de un ave, que son descendientes directas de los dinosaurios.

Pero este es exactamente el caso de Dindim, el pingüino al que un anciano brasileño salvó la vida y que desde entonces vuelve cada año a visitarlo.

El hombre se lo encontró un día en una playa, cubierto de petróleo, desnutrido y casi inmóvil. Lo limpió con mucho cuidado (limpiar a un ave sin herirle el plumaje no es nada fácil) y lo alimentó durante varios días, hasta que vio que empezaba a recuperarse. Entonces lo llevó hasta una isla cercana y lo soltó.

Para gran sorpresa del anciano, unos meses después el pingüino volvió. Se habían encariñado el uno del otro. Desde entonces, Dindim vive ocho meses al año con su nuevo amigo, emigra otros cuatro meses al sur y siempre vuelve.

Esta tierna historia se hizo famosa en todo el mundo a través de las redes sociales. Según se decía, Dindim había tomado al anciano por otro pingüino. Los biólogos y científicos que han estudiado el caso tienen una visión menos romántica, pero también muy bella: no es que Dindim vaya a visitar a su amigo, sino que se ha «mudado» con él… aunque, como tantos otros pingüinos, sigue cumpliendo con su impulso de trasladarse unos meses a un lugar más frío.

Sea como sea, lo que está claro es que se trata de dos almas solitarias que han encontrado cariño y confort el uno en el otro. ¿Qué importa nada de lo demás?

CACARECO

El primer rinoceronte ganador de unas elecciones.

Dicen que todos los políticos son iguales: hacen muchas promesas, sonríen sin parar, abrazan bebés y dan la mano a quien se les ponga por delante… o, como mínimo, son todos humanos, ¿no?

En 1958, en la ciudad de São Paulo, en Brasil, ganó las elecciones para alcalde alguien que no tenía ni una sola de las características anteriores: Cacareco, un rinoceronte.

Cacareco había nacido en el zoo de Río de Janeiro, pero lo trasladaron al de São Paulo para exhibirlo durante unos meses. Ahí empezó su carrera hacia la fama.

Los ciudadanos estaban hartos de sus gobernantes y decidieron boicotear las elecciones. Por entonces, para votar no había papeletas impresas, sino que cada uno tenía que escribir a mano el nombre de su candidato preferido. A un grupo de estudiantes se le ocurrió que, como protesta, la gente eligiera a Cacareco.

Hicieron circular el rumor, sin esperar que realmente pasara nada… pero no calcularon bien hasta qué punto la gente estaba cansada, y la broma consiguió que Cacareco fuese elegido alcalde por más de cien mil votos de diferencia. Y eso que, dos días antes de las elecciones, hicieron volver al rinoceronte a Río de Janeiro.

Los políticos entendieron el mensaje, anularon las elecciones y convocaron otras.

En realidad, no es el único animal presentado o elegido en unas votaciones; siempre como broma o como protesta. Cacareco dio pie a que en Canadá se crease el Partido del Rinoceronte; en la misma Río de Janeiro se presentó más tarde un mono, y en Estados Unidos hay varios pueblos que tienen a un perro como alcalde (honorario).

Al menos se puede decir que el rinoceronte Cacareco, aunque nunca llegó a gobernar, cumplió todas sus promesas: no había hecho ninguna.

KEIKO

La orca de *Liberad a Willy*, que demostró que salvar a los animales cautivos no es tan sencillo.

La película *Liberad a Willy* fue uno de los grandes éxitos de los años noventa. Willy era la ballena de un parque acuático que se hacía amiga de un niño, que la salvaba y la devolvía al mar.

Para los fans del personaje, la gran sorpresa fue averiguar que la orca protagonista, Keiko, en realidad se encontraba en la misma situación: había sido capturada, vendida a un acuario de Finlandia, y revendida a un parque acuático de Canadá, pero en este último las otras orcas la sometieron a algo muy parecido al *bullying*, por lo que fue vendida una vez más; en esta ocasión, a México. Allí vivió en malas condiciones: el tanque donde habitaba era demasiado pequeño, y el agua, demasiado cálida.

Liderados por la propia productora de la película y un famoso millonario, se creó una fundación dedicada a conseguir el dinero que devolvería la libertad a Keiko: incluso sin tener que comprarla, transportar a un animal de su tamaño y peso (tres toneladas) manteniéndolo vivo es extraordinariamente caro.

Por fin, y con la ayuda de miles y miles de donativos del público, se consiguió reunir el dinero necesario, y Keiko fue llevada a Islandia, donde se le dio un breve cursillo para que se adaptase a su nueva vida, hasta que por fin se la dejó en el mar.

Pero Keiko estaba tan acostumbrada a tratar con los humanos que los echaba de menos. Al poco tiempo empezó a aparecer por la costa, e incluso ofrecía su lomo a los niños para que se montaran.

Keiko tuvo la suerte de ser famosa y de que todo el mundo la aceptara: asesorados por expertos y científicos, el pueblo adonde fue a ofrecerse la admitió de buen grado y ella se dedicó a animar a sus niños, feliz por fin.

Pero lo más importante fue su legado: soltar a los animales cautivos no es tan sencillo. ¿Y si probaran a no capturarlos en primer lugar?

DOORKINS

El gato inglés que puede hacer
lo que nadie más: despreciar a la reina.

La pasión de los ingleses por los gatos solo es comparable a la de los japoneses. Les dejan salirse con la suya en todo, incluso en cosas que, de ser personas, jamás podrían. Como ignorar a la reina.

Doorkins es un gato callejero que entró en una catedral de Londres justo cuando buscaban a uno para ocupar el cargo de cazador de ratones. Es un cargo verdadero, tradicional, que tienen en muchos edificios y barcos.

Pronto Doorkins demostró su carácter inconformista. Duerme donde quiere, asiste a las misas, pero si se aburre se va a la mitad, y no permite que ni el acto más solemne interrumpa su caza de ratones. Hasta ha demostrado ser un gran fan de la Navidad, sobre todo porque entonces duerme la siesta en la cuna del Niño Jesús.

Incluso, una vez, durante una boda decidió acompañar a la novia de camino al altar. A todos los asistentes les pareció un gesto encantador.

Por supuesto, enseguida se ganó el cariño de todos los fieles de la catedral. Y se ha ido haciendo más y más famoso, hasta el punto de que muchos acuden solo para conocerlo y hacerse fotos con él.

Pero el visitante de más renombre fue la mismísima reina Isabel II, que fue a ver uno de los vitrales de la catedral. Justo debajo de este, Doorkins había decidido echar una de sus legendarias siestas en una silla. El gato abrió los ojos, pero no hizo el menor gesto de apartarse. El diácono se disculpó con la reina: «Este es uno de vuestros pocos súbditos que no han quedado muy impresionados con la visita».

Ella se rio y el ambiente volvió a la normalidad. Seguro que no le molestó: ella misma tiene varios gatos en el palacio de Buckingham, y son los únicos residentes que no están obligados a apartarse cuando pasa la reina.

JITTS

¿El animal actor más famoso de la historia del cine?

Fue la mona más famosa del cine, haciendo de Chita en algunas de las pelis de Tarzán más conocidas.

Como en una peli de aventuras, nació en Liberia, donde fue comprada siendo una cría y transportada a América bajo la chaqueta de su dueño, aunque eso no le impidió molestar a las azafatas.

Como en una peli del desconocido que llega a la ciudad y triunfa, Jitts fue elegido por su buen carácter para interpretar a la mona Chita en los films clásicos de Tarzán, e incluso consiguió varios papeles más en otras películas famosas.

Como en las pelis en las que el prota cae pero se recupera y vence las adversidades, Jitts y su dueño acabaron teniendo problemas económicos, pero entonces Jitts consiguió triunfar ¡como pintor! Parece una broma, pero sus cuadros pintados con los dedos llegaron a valer bastante, y un crítico dijo que eran mejores que los de muchos humanos. Así, Jitts llegó cómodamente a los 79 años (logró el récord de ser el primate conocido de más edad) y lo celebró con un gran pastel sin azúcar, ya que era diabético.

Y, como en una peli de suspense, al final resultó que casi todo lo que se sabía era falso. En realidad, Chita no era una mona, sino un mono (en el doblaje español lo convirtieron en hembra, se supone que por su nombre). Chita tampoco era un verdadero personaje de las novelas de Tarzán, sino que fue inventado para el cine. Jitts fue uno de los varios monos que interpretaron el papel (si es que lo hizo alguna vez, que no está claro). No participó en ninguna de las otras películas que dijo su dueño. Y no podía tener ningún récord de longevidad porque en la fecha de su supuesto nacimiento no había vuelos desde Liberia hasta América, con lo cual nadie supo su edad.

En definitiva, la vida de Jitts fue de película. De muchas películas. Aunque nadie sabe si tuvo algo que ver con la realidad.

CANELO

El perro que esperó doce años a su dueño y se ganó el cariño de toda una ciudad.

En otras páginas de este libro encontrarás la historia de Hachikō, el perro japonés que se convirtió en un símbolo de lealtad y fidelidad en todo el mundo.

Aunque sea menos conocido, en Cádiz vivió hasta hace poco la versión española de esta increíble historia: Canelo, el perro que esperó a la puerta de un hospital durante doce años a su amo muerto.

Canelo era propiedad de un anciano de la ciudad, que tenía una enfermedad del riñón e iba una vez por semana a un hospital para hacerse un tratamiento. Su fiel perro siempre lo acompañaba hasta la puerta, donde él siempre le decía: «Espérame aquí, compañero». Y Canelo hacía exactamente eso, con mucha paciencia, hasta que el hombre volvía a salir unas horas después.

Un día, el anciano entró en el hospital y ya no salió nunca más. El tratamiento se había complicado y el hombre murió dentro. Pero Canelo, tal y como le habían pedido, siguió esperando. Un día…

… y otro…

… y otro…

… durante doce años. Apenas se movió de la puerta y siguió esperando. Toda la ciudad se encariñó de él. Le llevaban comida, y los trabajadores del hospital le dieron un rincón donde vivir.

Antes se lo habían llevado dos veces a la perrera, pero entonces Canelo perdía completamente las ganas de vivir. Hasta estuvieron a punto de sacrificarlo, pero la ciudad se movilizó. Una asociación se hizo cargo de él, realizó todos los trámites y se encargó de vacunarlo.

Canelo era muy amistoso y se ofrecía a acompañar un rato a todos los visitantes que quisieran. Pero siempre volvía a la puerta a seguir esperando, sin falta, hasta el día en que él mismo murió.

Desde entonces, Cádiz lo echa de menos. Tanto como él a su amo.

OSCAR

Parte gato, parte máquina, todo humanidad.

Quizás hayas oído antes la palabra *biónico* en pelis y cómics: personajes a los que se ha sustituido una parte del cuerpo por una máquina. Pero ¿conocías al gato biónico?

Oscar vivía con sus dueños en una granja. Le gustaba corretear por los campos de cultivo, donde un día sufrió un horrible accidente. Lo llevaron al hospital. Le calmaron el dolor, pero había perdido parte de las patas traseras y en su estado no viviría mucho más.

Solo había una solución: un médico inglés implantaba prótesis muy avanzadas a animales, aunque eran carísimas. Para entonces, alguien se enteró de la historia y creó cuentas para Oscar en las redes sociales, lo que hizo famoso al gato en todo el mundo. Tanto, que la empresa del médico inglés decidió tratarlo gratis.

Además, lo que aprendieran con Oscar iba a ayudar mucho en el desarrollo de prótesis similares para humanos.

Así, Oscar despertó un día con dos patas nuevas de titanio. Había dudas sobre si aprendería a usarlas, teniendo en cuenta que no las sentía. Y ya no podría salir de casa, como a él le gustaba.

Desde el primer momento, sus dueños quedaron sorprendidos por lo bien que Oscar se había adaptado a sus nuevas patas. Las usaba con gran precisión, por ejemplo, para dar saltitos por entre los cables de la tele, uno de sus juegos preferidos.

Y a los pocos meses lo dejaron salir de casa un rato y cazó su primer ratón.

De hecho, su dueña dice que, pasado el susto, el propio Oscar siempre ha parecido el menos preocupado por su situación. Incluso cuando le falló una de las patas y tuvieron que volver a operarlo.

Hoy en día, casi la única consecuencia del accidente para Oscar es que se ha hecho famoso en todo el mundo como el valiente «gato biónico»: nunca un gato ha hecho avanzar tanto a la ciencia… y con solo dos patas.

GIZMO

Una lechuza desconocida...
hasta que sabes que su otro nombre era Hedwig.

Hedwig era, claro, la bella lechuza blanca de Harry Potter. Y Gizmo era el bello búho blanco que la interpretó en las películas.

De hecho, Gizmo fue el primer «actor» contratado para la serie de pelis, antes que cualquier otro personaje. Aunque, como en todas las películas en que un animal es muy protagonista, en realidad se usaron también otros búhos muy parecidos: uno para las escenas de vuelo, otro para primeros planos, otro para posar mientras se preparaba la iluminación de cada toma... y así hasta nueve en total.

Una cosa que los nueve tuvieron en común fue que, aunque el personaje de Hedwig era hembra, todos sus intérpretes fueron machos. Eso es porque ellos son más blancos y tienen la ventaja de ser un poco más pequeños y pesar menos. Los otros actores, que en muchas escenas tenían que sostenerlos en el brazo, lo agradecieron.

El dueño, cuidador y entrenador de Gizmo explicó que, aunque las lechuzas son consideradas símbolos de la sabiduría en varias culturas, en realidad no lo son en absoluto: mientras que, por ejemplo, un cuervo puede aprenderse su papel en un día, un búho puede necesitar ¡de tres a seis meses!

Todos los otros intérpretes de Gizmo, después de rodar las películas, son tratados casi como estrellas, e invitados a muchas ferias y eventos. Pero, ¡aviso!, si no te gustan las historias tristes, no leas el siguiente párrafo.

El propio Gizmo no tuvo un final feliz: durante una sesión de fotos se asustó de los *flashes* de las cámaras, huyó volando por una ventana... y fue atropellado por un camión.

Aunque, por supuesto, si hay un ave que vaya a vivir para siempre en el corazón de muchos niños (y no tan niños), esa es Gizmo... el verdadero Hedwig.

BUBBLES

El único chimpancé dueño de un columpio de oro.

No existe chimpancé más famoso que Bubbles, uno de los animales de compañía de Michael Jackson. Al menos, ninguno ha dado pie a tantas noticias y leyendas extrañas.

Michael era, claro, un genio de la música, pero no se puede negar que tenía sus rarezas. Bubbles fue una de ellas: su mejor amigo, al que vestía con pañales y con el que tenía grandes conversaciones.

Bubbles era un mono que estaba siendo usado en experimentos científicos cuando Michael lo compró y, seguramente, le salvó la vida. Se entendieron tan bien que enseguida se convirtió en el preferido de entre los varios chimpancés que tenía, y que según Michael le ayudaban a limpiar su habitación. Exigió que estuviera en la grabación de uno de sus grandes éxitos, *Bad*, junto con su serpiente, e hizo que le acompañara a todas partes, incluso a visitar al alcalde de Osaka, en Japón, donde Michael y Bubbles bebieron de la misma taza de té.

Llevó una vida de verdadero lujo: era el único autorizado a usar el lavabo personal de su dueño, tenía su propia nevera llena de plátanos (Bubbles siempre ofrecía uno a sus visitantes), y gracias a su fama hasta tuvo su propia marca de muñecos.

Por desgracia, y como sucede con todos los chimpancés, a medida que crecía se iba volviendo más agresivo. Cuando Michael tuvo a su hijo Prince Michael II, temió por la seguridad del bebé y tuvo que trasladar a Bubbles a una residencia para primates.

Desde la muerte de Michael, Bubbles sigue en la residencia; su estancia es pagada por algunos de los fans del cantante. Hoy en día pasa el tiempo con su amigo Max, otro chimpancé, ¿quizás contándole batallitas de sus días de gloria?

(Por cierto: hubo cientos de noticias falsas sobre Bubbles, usadas para burlarse de Michael. Por increíble que parezca, aquí solo hemos hablado de cosas ciertas y demostradas.)

OWEN Y MZEE

El hipopótamo huérfano adoptado por una tortuga.

Si ya has leído en este libro la historia de la gorila que adoptó a un gato, esta otra, que se hizo famosísima en internet hace unos años, te sorprenderá aún más. ¡Y, sin embargo, verás que tiene toda la lógica del mundo!

Según se dice, aunque no está demostrado, Owen, recién nacido, paseaba con su madre cuando fue víctima de un tsunami (ola gigante) en Kenia, que lo llevó mar adentro. ¡Imagínate ver a un hipopótamo volando! Para cuando lo rescató un barco, su madre había desaparecido, y Owen fue llevado a un parque nacional.

Por si esto fuera poco, el problema es que los hipopótamos son sociales, es decir, que se relacionan entre ellos. Las crías pasan sus primeros cuatro años de vida junto a sus madres, y si no la tienen la echan mucho de menos.

Owen enseguida vio a Mzee, una gran tortuga de 130 años, y empezó a seguirla a todas partes. Eso a ella no le hizo ninguna ilusión al principio, y hasta intentó atacarlo, aunque pronto vio que era inútil: por muy bebé que fuera, Owen seguía siendo uno de los animales de piel más dura que existen.

Owen no se rindió. Acompañó a Mzee a todas partes, incluso se bañó con ella en un lago… y al final Mzee se rindió y adoptó al bebé. Desde entonces no se separaron, y ella hasta lo defendía si lo atacaban.

Por bonito que fuera verlos juntos, al cabo de un tiempo hubo que separarlos: Owen había crecido demasiado y podía ser un peligro para Mzee. Le consiguieron una compañera *hipopótama*, con la que vive muy feliz desde entonces.

Pero, ¿por qué Owen había elegido a Mzee? Su cuidadora lo tiene claro: dice que la tortuga, con su gran concha y color similar, fue lo más parecido a una madre que vio. ¡Y así resultó ser!

«Estoy a favor de los derechos de los animales, tanto como de los derechos humanos. Es la única manera de ser un humano completo.»

Abraham Lincoln

INCREÍBLE PERO... ¿CIERTO?

¡Eso tendrás que adivinarlo tú! Aquí verás
un montón de animales de lo más curioso.
Unos son inventados y otros, por increíble
que parezca, son cien por cien reales.
Señala cuáles existen de verdad.

UNICORNIO

Es uno de los primeros animales mencionados en toda la historia. Ya hay dibujos de unicornios en Babilonia, una de las primeras civilizaciones.

Hoy lo conocemos como un caballo con un cuerno, pero a veces se lo representa como una cabra. En la Edad Media creían que el cuerno, tomado en polvo, curaba las enfermedades.

BIGFOOT

Mezcla de hombre y mono, muy grande (aunque no tanto como el yeti). Vive oculto en las montañas de Estados Unidos y Canadá. Parece tener cierta inteligencia, aunque no habla.

Durante mucho tiempo se dudó de si era una criatura mítica o real, hasta que en 2017 uno fue capturado. Hoy vive en el zoo de Boston, donde se ha descubierto que es herbívoro y muy pacífico.

NESSIE

El famoso monstruo del lago Ness. Muchos creen que no existe y que es un invento reciente, pero lo cierto es que en Escocia se habla de él desde hace cientos de años.

Se cree que desciende de algún dinosaurio marino, que ha sobrevivido porque el lago está aislado. Otros dicen que en realidad se trata de una especie de anguila enorme.

ORNITORRINCO

Criatura de la que se habla mucho en Australia, aunque se tardó mucho en aceptar su existencia.

Tiene un cuerpo parecido al de un castor, pero con pico de pato y aletas en las patas, y, según se dice, se reproduce poniendo huevos.

Aunque quienes lo han visto dicen que es un animal pacífico y juguetón, tiene veneno, que solo usa para defenderse.

MAMUT

Básicamente se trata de un elefante cubierto de lana (como si fuera una oveja gigante), con enormes colmillos.

Vivía en las grandes estepas del norte de Rusia. Hoy no queda ninguno: durante la prehistoria los cazaron hasta extinguirlos.

Cuando morían quedaban perfectamente conservados en el hielo y aún existen tribus que viven de desenterrarlos y comérselos.

SIRENA

Por supuesto, las sirenas como las conocemos hoy (mujeres con cola de pez en vez de piernas) no han existido nunca.

Sin embargo, en la Antigüedad griega y egipcia se conocía como «sirena» a un gran pájaro con cara, o, a veces, medio cuerpo, de mujer. Eran exclusivas de una isla rocosa, y atraían con sus cantos a los marineros, que se estrellaban contra las rocas.

MINOTAURO

Enorme y monstruoso cruce entre hombre y toro, el minotauro vivió en tiempos de los griegos. Tenía medio cuerpo de hombre y el otro medio de toro, y caminaba sobre sus dos patas traseras. Su inteligencia era la de un humano, y era capaz de hablar.

Era muy fiero y medía hasta tres metros, por lo que inspiraba el pánico; la gente le ofrecía comida para que no les atacara a ellos.

MINITAURO

Apenas hay referencias a esta criatura, claramente emparentada con el minotauro, excepto que su tamaño era más parecido al de un cachorro de gato y en vez de dar miedo resultaba peludito y adorable. También rugía, pero se quedaba dormido enseguida.

Gateaba en vez de caminar y prefería un buen vaso de leche a la carne humana. Aparece en la mitología griega en su versión infantil.

SERPIENTE VOLADORA

Aunque existen serpientes con alas en mitologías como la china, la verdadera no las tiene y, aun así, es capaz de planear por el aire. Esto es debido a que se suben a un árbol, se tiran y en el aire se tuercen para adoptar una forma aerodinámica. Si un día vas paseando por Asia y te cae una serpiente en la cabeza, ¡comprobarás que existen, justo antes de que seas su merienda!

LIGRE

El ligre es una mezcla de león y tigre, y se lo reconoce por ser como el primero pero más grande, y con rayas como las del segundo.

Los leones y los tigres no se cruzan de forma natural, sino que son producto de la acción del hombre.

Para complicarlo más, si una ligre se cruza con un león, se obtiene un liligre, y si es con un tigre, el resultado es un titigre.

NARVAL

Parecido a una ballena pero con un enorme «cuerno» (en realidad es un diente) de hasta dos metros. El animal entero mide unos seis.

Vive en el Ártico y es uno de los mamíferos que se sumerge a mayor profundidad. Dicen que en realidad es muy pacífico.

En la Antigüedad vendían su «cuerno» haciéndolo pasar por el de un unicornio.

BALLENA CON PATAS

Aunque la imagen de este animal puede dar risa, existió y fue el antecesor de las ballenas actuales. Con el tiempo, sus patas traseras fueron cambiando hasta convertirse en la cola moderna. A su vez, y aunque parezca increíble, estas ballenas descienden de los hipopótamos. En 2008 se demostró su existencia, cuando se encontró una ballena con patas esperando el autobús en una parada de Nueva Delhi.

RUDOLPH

Reno mítico que destaca por ser uno de los pocos animales grandes capaz de volar sin alas. De hecho, solo se distingue del resto de los renos por su nariz roja, a veces iluminada.

Es muy apreciado como animal de carga y, aunque apenas se lo ve, una vez al año vuela por todo el mundo.

El primer ejemplar fue encontrado al lado de una tribu de elfos.

«El amor por todas las criaturas vivientes
es el más noble atributo del hombre.»

Charles Darwin

REGISTRO ANIMAL

REGISTRO ANIMAL

Todos tenemos un animal favorito. ¡O más!

Después de conocer la vida de estos asombrosos animales, piensa cuál te gustaría incluir en el listado. Rellena la ficha técnica y haz que pase a la historia.

Nombre: ....

Especie: ....

Género: ....

Tamaño: ....

Peso: ....

Longevidad: ....

Una curiosidad: ....

....

....

....

....

....

Me gustaría incluir este animal en el libro porque ....

....

....

....

....

....

....

....

....

ESPERAMOS QUE TE HAYA GUSTADO ESTE LIBRO TANTO COMO NOS HA GUSTADO A NOSOTROS HACERLO.

Nos encantaría conocer tu opinión, y, sobre todo,
que nos contaras algo sobre tu animal favorito:
por qué lo es, si ha hecho algo por ti...

¿Por qué no coges tu pluma de oca, la mojas en tinta
de calamar y nos escribes a Duomo ediciones?
Lo leeremos con más atención que un camaleón,
y ¡quién sabe si tu animal acaba apareciendo
en el próximo libro!

Duomo ediciones
Av. Príncep d'Astúries 20, 3°B
08012 Barcelona

SI TE HA GUSTADO ESTE LIBRO,
NO TE PIERDAS LA INSPIRADORA VIDA
DE ESTOS 50 NIÑOS QUE SE HAN
CONVERTIDO EN SUPERHÉROES SIN
NECESIDAD DE CAPA NI ESPADA:

Diseño y maquetación: Sergi Puyol
Adaptación de diseño: Emma Camacho
Texto: Marcelo E. Mazzanti
Ilustraciones de interior y cubierta: Mar Guixé

© 2019, G.L. Marvel

ISBN: 978-84-18538-73-5
Códico IBIC: YB
Depósito legal: B 17.157-2021

© de esta edición, 2022 por Antonio Vallardi Editore S.u.r.l., Milán
Primera edición: marzo de 2019
Primera edición en esta colección: febrero de 2022
Segunda edición en esta colección: junio de 2022

Duomo ediciones es un sello de Antonio Vallardi Editore S.u.r.l.
www.duomoediciones.com

Gruppo editoriale Mauri Spagnol S.p.A.
www.maurispagnol.it

Impreso en Grafostil, Serbia